T0209135

# Geheimwaffe: Assistenz II

Enisa Romanic

# Geheimwaffe: Assistenz II

## Organisation

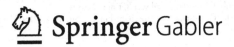

Enisa Romanic
Neuss, Deutschland

ISBN 978-3-658-29919-4          ISBN 978-3-658-29920-0    (eBook)
https://doi.org/10.1007/978-3-658-29920-0

Die Deutsche Nationalbibliothek verzeichnet diese Publikation in der Deutschen
Nationalbibliografie; detaillierte bibliografische Daten sind im Internet über http://
dnb.d-nb.de abrufbar.

© Springer Fachmedien Wiesbaden GmbH, ein Teil von Springer Nature 2020
Das Werk einschließlich aller seiner Teile ist urheberrechtlich geschützt. Jede
Verwertung, die nicht ausdrücklich vom Urheberrechtsgesetz zugelassen ist,
bedarf der vorherigen Zustimmung des Verlags. Das gilt insbesondere für
Vervielfältigungen, Bearbeitungen, Übersetzungen, Mikroverfilmungen und die
Einspeicherung und Verarbeitung in elektronischen Systemen.
Die Wiedergabe von allgemein beschreibenden Bezeichnungen, Marken,
Unternehmensnamen etc. in diesem Werk bedeutet nicht, dass diese frei durch
jedermann benutzt werden dürfen. Die Berechtigung zur Benutzung unterliegt,
auch ohne gesonderten Hinweis hierzu, den Regeln des Markenrechts. Die Rechte
des jeweiligen Zeicheninhabers sind zu beachten.
Der Verlag, die Autoren und die Herausgeber gehen davon aus, dass die Angaben
und Informationen in diesem Werk zum Zeitpunkt der Veröffentlichung vollständig
und korrekt sind. Weder der Verlag, noch die Autoren oder die Herausgeber
übernehmen, ausdrücklich oder implizit, Gewähr für den Inhalt des Werkes,
etwaige Fehler oder Äußerungen. Der Verlag bleibt im Hinblick auf geografische
Zuordnungen und Gebietsbezeichnungen in veröffentlichten Karten und
Institutionsadressen neutral.

Planung/Lektorat: Isabella Hanser
Springer Gabler ist ein Imprint der eingetragenen Gesellschaft Springer Fachmedien
Wiesbaden GmbH und ist ein Teil von Springer Nature.
Die Anschrift der Gesellschaft ist: Abraham-Lincoln-Str. 46, 65189 Wiesbaden,
Germany

# Vorwort Enisa Romanic

Meine lieben Kolleginnen,

meine lieben Geheimwaffen im Office,

Sie halten nun das Buch Nr. 2 der Serie Geheimwaffe Assistenz in der Hand. Im 1. Teil der Trilogie ging
es um Schlüsselkompetenzen für Ihre berufliche Zukunft
als Office Manager. Vielleicht haben Sie sich dieses Buch
selbst gekauft oder haben es geschenkt bekommen,
weil das Thema Organisation für Sie ein spannendes
und umfassendes Thema ist und Sie im Vorzimmer des
Chefs als Projekt- oder Teamassistenz, Personal- oder
Vertriebsassistenz sitzen. Somit stehen Sie jeden Tag
vor neuen Aufgaben, die es zu rocken gilt: Dabei gilt es,
immer den Überblick zu behalten und auf allen Ebenen
effizienter zu arbeiten. Gerade Assistenzen, egal ob Sie in
einem großen Konzern arbeiten, im Mittelstand, in einem
Kleinunternehmen oder auch in der Verwaltung, sagt man
nach, dass diese besonders gut organisiert und strukturiert
sind und dass Sie als gute Seele im Office gelten.

Die Organisation der Büroarbeit ist und bleibt eine Kernkompetenz eines Office Professionals. Ich spreche hier gerade bewusst von Büroarbeit und nicht von der Arbeit im Büro. Sie werden sich sicherlich jetzt fragen, wo ist der Unterschied? „Die Arbeit im Büro" impliziert auch, dass Sie im Büro sitzen und dort vor Ort sich um die Abwicklung verschiedener Aufgaben für Ihren Bereich kümmern. „Büroarbeit" kann heute in Zeiten der digitalen Transformation von überall erfolgen. Viele Office-Mitarbeiter müssen nicht mehr in das Unternehmen kommen, um dort ihre Arbeit zu verrichten. Dank moderner Software und der Cloud ist es heute normal, überall und zu jeder Zeit seine Aufgaben zu erledigen. Trotzdem oder gerade deswegen, weil eine Präsenz nicht mehr notwendig ist, ist es umso wichtiger, sich gut zu strukturieren, seine Themen up to date zu halten, um den Überblick über das Ganze nicht zu verlieren.

Gerade in Zeiten der digitalen Veränderung unserer Arbeitswelt ist eine gute Organisation das A und O. Davon hängt vor allem die Effizienz des Office-Betriebes in Ihrem Unternehmen ab. Das ist die Grundvoraussetzung, um überhaupt das Management bei seinen täglichen Aufgaben zu unterstützen.

Was gehört alles zur Büroorganisation? Wenn wir von Büroorganisation sprechen, dann geht es nicht allein um das Chaos in den Aktenschränken (Die sollte es bei Ihnen doch gar nicht mehr geben, oder?), einem aufgeräumten Büro, der Büroausstattung oder -einrichtung. Es geht heute eher um effiziente Arbeitsabläufe auf allen Ebenen im Büro: eine gut durchdachte Ordnung in den Dokumenten und Notizen, effiziente Besprechungen und den Austausch von Informationen untereinander. Den

Überblick zu behalten bei einer Flut an E-Mails, die täglich nicht nur unseren Posteingang verstopfen, sondern auch die von unseren Vorgesetzten. Es geht darum, virtuelle Konferenzen durchzuführen und zu moderieren, die richtigen Methoden einzusetzen und zu informieren.

In diesem Buch fokussiere ich mich auf 9 wichtige Themen der Organisation. Wie können Sie das Buch für sich nutzen? Sie müssen es nicht von vorne bis hinten in der Reihenfolge lesen. Widmen Sie sich zunächst einmal den Themen, die Ihnen gerade aktuell unter den Nägeln brennen. Sie werden zu jedem Thema Anregungen und Praxistipps erhalten. Es ist ein Buch aus der Front für die Front.

Viel Spaß beim Lesen wünscht Ihnen

**Gender Hinweis**

„Im Interesse der Lesbarkeit habe ich beim Schreiben auf geschlechtsbezogene Formulierungen verzichtet und mich für die klassische Variante im Office entschieden: für die Assistenz und den Chef. Selbstverständlich sind immer Frauen und Männer gemeint, auch wenn explizit nur eines der Geschlechter angesprochen wird."

**Hinweis zu den Tools**

In diesem Buch werden verschiedene Tools für die digitale Büroorganisation und die Zusammenarbeit mit Chef und Team beschrieben. Dieses Buch ist im Jahr 2020 entstanden und bildet den aktuellen Stand der gerade eingesetzten digitalen Tools für die Zusammenarbeit ab. Diese ändern sich fortlaufend, werden aktualisiert oder werden vielleicht eines Tages nicht mehr eingesetzt. Aber so ist die digitale Welt. Permanent im Wandel und im Umbruch, so wie wir Assistenzen auch.

Sollten Sie die vorgeschlagenen Tools ausprobieren wollen, fragen Sie bitte bei Ihrer IT nach, ob eine Installation der Apps oder eine webbasierte Arbeit, aufgrund von Ihren Firmenrichtlinien und der DSGVO erlaubt ist.

Enisa Romanic

# Vorwort Diana Brandl

Organisation ist die halbe Miete. Sie alle kennen diesen Spruch und natürlich steckt hier viel Wahrheit darin. Was wäre eine Assistenz nur ohne eine gut durchdachte Organisationsstrategie? Für viele aber, die den Beruf der Assistenz nicht vollends einschätzen können, hört sich das Organisieren einfach und schnell umsetzbar an.

Weit gefehlt, denn Assistenzen wissen sehr genau, welche Kunst dahintersteckt, den Chef von A nach B zu senden, den Kalender zu jonglieren und nebenbei noch das nächste Meeting aufzusetzen. Wenn man jedes einzelne Element einer Organisationsaufgabe einmal bis ins kleinste Detail durchdeklinieren würde, käme doch eine ganze Menge zusammen.

Und genau um dieses wichtige Thema geht es in diesem Buch. Denn die Organisation ist und bleibt das Herzstück jeder Assistenz. Vieles wird anders, die Büros werden digitaler und damit Prozesse vermehrt leichter. Alexa kann heute schon Besprechungsräume buchen, Reisen planen und Büromaterial bestellen. Eine gute Organisatorin also? Bis zu einem gewissen Grad sicherlich ja und manch einer wird digitale Assistenten in der Zukunft mit großer Sicherheit auch vermehrt einsetzen bei Standard- und Routineaufgaben. Aber kann Alexa einen Manager höchst komplexer organisatorischer Abläufe ersetzen? Gewiss nicht.

Liebe Assistenzen, seien Sie stolz auf die wunderbaren neuen Fähigkeiten, die man gerade in der immer schneller werdenden Arbeitswelt 4.0 und im Zuge der Digitalisierung benötigt und sich aneignen muss. Aber vergessen Sie niemals, eines der wichtigsten Elemente kontinuierlich zu formen und schärfen: Ihre professionelle Büroorganisation.

In diesem Sinne wünsche ich viel Freude mit diesem Buch.

Diana Brandl

# Vorwort Peter Buchenau

Organisations-Burn-out ist das, was mir als Chef immer Angst gemacht hat und immer noch Angst macht. Früher als Topmanager in der Industrie, heute als Gründer und Schauspieler von Buchenaus Comedy. Das Schlimmste, was mir heute passieren kann, ist, dass irgendein Veranstalter auf meiner Mobile-Nummer anruft und sagt: „Herr Buchenau, wo bleiben Sie denn?" Bei über 100 Shows im Jahr allein mit dem Theaterstück Männerschnupfen sowie gut weiteren ca. 50 Auftritten als Redner und Dozent ist es für mich alleine nicht mehr durchführbar und organisierbar. Ich muss mich auf meine Shows und Vorträge konzentrieren. Daher ist es mir eine sehr große Hilfe, dass meine Assistenz ein absolutes Organisationstalent ist. Meine Assistentin organisiert alle meine Auftritte. Ich habe ihr die volle Verantwortung abgegeben, einerseits mich zu führen, mich zum richtigen Zeitpunkt zum richtigen Ort zu bringen. Ferner aber auch, mit dem Veranstalter alles im Vorfeld zu klären, wie

Vertrag, Ablauf, Bühne, Technik und auch Verpflegung und Übernachtung. Sie benutzt dabei die Mittel, welche dazu gebraucht werden. Egal ob Brief, ganz normales Telefon oder Fax und auch die neusten digitalen Technologien. Die Wahl des Mediums habe ich ihr auch überlassen. Sie weiß, mit welchen Mittel sie die besten Resultate erzielt. Meine Assistenz ist meine Geheimwaffe.

Mit diesem Buch von Enisa Romanic erhalten Sie, liebe Leser, einen Einblick in die benötigten Organisationsfähigkeiten von heute und morgen. Nutzen Sie die Tipps in diesem Buch und werden Sie die Geheimwaffe für Ihren Chef. Viel Erfolg beim Umsetzen und Handeln.

Peter Buchenau
Autor, Coach für Neuanfang und Dozent.

# Inhaltsverzeichnis

# 1

# Organisation 1: Büroorganisation mit der 5-S-Methode – Suchen Sie noch oder arbeiten Sie schon?

Ein Foto vom Hund, ein Schnappschuss vom Urlaub mit dem Liebsten, eine Topfpflanze, der Siegerpokal vom letzten Büro-Kicker-Turnier und einige persönliche Glücksbringer. Das macht den Arbeitsplatz doch direkt gemütlicher. Terminkalender, Locher, Köcher mit unzähligen Stiften, Schere, Kleber, Tesa, Handcreme, Obst, eine Kaffeetasse – man möchte sich doch im Büro heimisch fühlen. Doch Büroorganisation, Ordnung und Kompetenz sehen anders aus. Wenn sich auf dem Schreibtisch private Dekoration breitmacht, kann es sein, dass das im Unternehmen nicht gut ankommt. Kommt Ihnen dieses Bild bekannt vor?

Werfen Sie jetzt mal im Gedanken einen Blick in Ihr Büro bzw. auf Ihren Schreibtisch – falls Sie noch ein Büro und einen Schreibtisch haben. Schaut es da so, wie in meiner Beschreibung aus? Falls nicht, dann herzlichen Glückwunsch. Dann können Sie dieses Kapitel beherzt überspringen. Dann gehören Sie schon zu den

© Springer Fachmedien Wiesbaden GmbH, ein Teil von Springer Nature 2020
E. Romanic, *Geheimwaffe: Assistenz II*,
https://doi.org/10.1007/978-3-658-29920-0_1

**Abb. 1.1** (Quelle: Bitmoji)

Remote-Workern, die Ihren Laptop und Ihr Smartphone zum Schreibtisch deklariert haben. Ich selbst gehöre auch zu der Gruppe, dessen Arbeitsplatz sich quasi in die Hosentasche entgrenzt hat.

Keinen Schreibtisch mehr zu haben, bedeutet aber nicht, dass man die Organisation des virtuellen Büros vernachlässigen kann. Nein, auch ein virtueller Schreibtisch braucht Struktur, Ordnung und vor allen Dingen neue Spielregeln.

## 1.1    Schlechten Eindruck vermeiden

Nun komme ich nochmals zurück zu unseren Geheimwaffen, die tatsächlich noch einen festen Arbeitsplatz in einem Büro ihr Eigen nennen dürfen. Krönen noch endlose Papier- und Ablageberge Ihren Schreibtisch und etliche Post-its kleben auf Ihrem Desktop? Betrachten Sie jetzt mal Ihren Arbeitsplatz aus Sicht des Vorgesetzten, des

Teams, eines Besuchers oder Kunden: Was sagt er über Sie aus? Und über Ihre Arbeitsweise? Was würden Sie selbst für Rückschlüsse ziehen?

Nach dem Motto: „Ich beherrsche das Chaos" kommen Sie immer wieder in die Situation, wichtige Unterlagen zu suchen, und geraten in Hektik, wenn der Chef ein Dokument sofort braucht. Es gibt doch nichts Schlimmeres, als wenn der Chef in einer wichtigen Besprechung mit dem Kunden etwas benötigt und Sie erst nach 20 min vergeblichen Suchens und mit Stressflecken am Hals oder Schweißrändern unter dem Arm das Besprechungszimmer betreten, um das erforderliche Schriftstück hereinzubringen. Der Blick Ihres Vorgesetzten spricht sicherlich Bände und der Kunde denkt sich auch seinen Teil. So jedenfalls sehen eine gute Organisation und die Chefentlastung nicht aus.

Im Büro gilt: Unordnung, Chaos und keine Organisation bringen Sie nicht weiter. Stellen Sie sich vor, Sie arbeiten mit einer Kollegin zusammen in einem Büro. Bei ihr ist alles tipptopp aufgeräumt, nur die Arbeitsunterlage, an der sie gerade arbeitet, ist auf dem Tisch. Bei Ihnen hingegen stapeln sich Berge von Unterlagen und sonstiger Krimskrams. Wem meinen Sie, gibt der Chef eine besonders wichtige Aufgabe zur Erledigung? Richtig, der Kollegin! Und warum? Beim Anblick Ihres Schreibtisches und Ihrer Organisation zweifelt möglicherweise Ihr Vorgesetzter an der Qualität Ihrer Arbeit.

## 1.2 Kaizen für Ihre Büroorganisation

Nach wie vor gilt das Suchen von Unterlagen als Zeitvertreib Nummer 1 in deutschen Büros. Das wirft nun wiederum die Frage auf, ob so ein effektiver Umgang mit Ihren zeitlichen Ressourcen aussehen darf? Möchten Sie nicht auch Ihre Unterlagen sofort finden und auf lange Sicht eine Büroeffizenz etablieren, um Ihre wertvolle Zeit für wirklich wichtige Aufgaben zu nutzen?

Mein Tipp: Starten Sie mit einer Schreibtischinventur, um Schritt für Schritt mehr Ordnung um und auf Ihren Arbeitsplatz zu bringen. Mit „Kaizen" können Sie den 1. Schritt schaffen.

Was ist Kaizen? Kaizen bedeutet die ständige Veränderung zum Besseren und ist bekannt aus der japanischen Produktion und Fertigung als Methode zur stetigen Verbesserung. Kaizen ist aber auch eine Managementphilosophie, die das Denken und Handeln in vielen Unternehmen revolutioniert hat: Jeder Mitarbeiter soll seine Tätigkeiten und seinen Arbeitsplatz permanent kritisch hinterfragen und seine Arbeitsweise kontinuierlich verbessern. Kaizen ist eine Denkweise, die alle Mitarbeiter verinnerlichen und bei ihren Aktivitäten verwirklichen sollen. Ein Zitat von Masaaki Imai, dem „Erfinder" von Kaizen, besagt: „Die Botschaft von Kaizen heißt, es soll kein Tag ohne irgendeine Verbesserung im Unternehmen vergehen."

**Wie funktioniert Kaizen genau?**
Mit dem Einsatz von Kaizen können auch sichtbare Erfolge im Office erzielt werden: Suchzeiten von Unterlagen oder Informationen werden damit verringert, Schnittstellen und Workflows optimiert, die Verschwendung von Ressourcen verhindert und schlussendlich die Steigerung der Produktivität erreicht.

- Vermeidung von Verschwendung (Material, Zeit und Geld)
- Leistungen kontinuierlich verbessern: alle nachgelagerten Prozessschritte als Kunden betrachten
- Verbesserungen sind immer möglich, es gibt kein Ende

- Ständige Verbesserungen erfolgen im Kleinen und schrittweise
- Keine Beschränkungen in Bezug auf den Anwendungsbereich; Produkte, Services, Prozesse, Tätigkeiten, Technik, Arbeitsplatz – alles kann verbessert werden
- Unterschiedliche Methoden und Werkzeuge werden eingesetzt, entscheidend ist die Wirkung, nicht die Vorgehensweise
- Arbeitsplätze, Arbeitsbereiche und die Situation werden „vor Ort" betrachtet, die Dinge werden live angeschaut und analysiert
- Mit ständigen Verbesserungen werden immer höhere Standards gesetzt und zur Regel gemacht

**Mit 5 S zum ordentlichen Büro**
Wie funktioniert das genau? Nutzen Sie dafür die 5-S-Methode. Damit schaffen Sie sich zunächst einmal eine gute Ausgangslage mit schnell sichtbarem Erfolg.

**Seiri: Ordnung schaffen: Entferne alles nicht Notwendige aus deinem Arbeitsbereich!** Auf Deutsch und für Ihre Organisation heißt das „aussortieren". Starten Sie mit dem Aussortieren unnötiger Dinge: Schreibtisch, Schubladen, Aktenschränke und Ablagestapel werden rigoros ausgemistet. Interessant, was da so alles zum Vorschein kommt: Dinge, wonach man schon Ewigkeiten gesucht hat oder vielleicht schon vergessen hat, dass man sie besaß. Achten Sie darauf, dass Sie jeden Gegenstand und jedes Dokument nach dem Sofort-Prinzip bewerten und eindeutig entscheiden, was damit passiert. Ablegen und aufbewahren, delegieren oder wegschmeißen.
**Ergebnis: Eine Reduzierung von Suchzeiten und ein Flächen- und Raumgewinn.**

**Seiton:** Ordnungsliebe: Ordne die Dinge und bewahre sie an ihrem richtigen Platz auf! Auf Deutsch und für Ihre Organisation heißt das „aufräumen".

Finden Sie den besten Ort, den VIP-Platz für das Dokument oder den Gegenstand. Gibt es etwas, das auf dem Schreibtisch verweilen darf? Was darf in die Schublade gepackt werden? Worauf brauchen Sie täglich Zugriff? Diese Dinge sollten sich immer in Ihrer unmittelbaren Reichweite befinden.

**Ergebnis: Schneller Zugriff auf wichtige, häufig benutzte Utensilien.**

**Seiso:** Sauberkeit: Halte deinen Arbeitsplatz sauber! Sauberkeit des Arbeitsplatzes und der Arbeitsmittel ist von großer Wichtigkeit. Post-its auf dem Monitor, benutztes Geschirr oder auch Fensterbänke und Fußböden geschmückt mit Ordnern lassen einen nicht effizient arbeiten. Und wenn die Krümel erst mal aus der Tastatur verschwunden sind, lässt es sich wieder wunderbar darauf tippen und arbeiten.

**Ergebnis: Sichtbare Ordnung.**

**Seiketsu:** Persönlicher Ordnungssinn: Mache 5-S durch Festlegen von Standards zur Gewohnheit! Auf Deutsch und für Ihre Organisation heißt das „Anordnung zur Regel machen".

Machen Sie die neue Anordnung zum Standard. So können Büromaterialien, Ordner oder auch Dokumente eindeutig gefunden werden. Alles hat einen Platz. Besser noch: Alles hat seinen festgelegten Platz. Das erspart Ihnen, Ihrem Vorgesetzten und dem Team unnötige Suchzeiten. Legen Sie Standards für Ihre Ablage, Ihre Checklisten, Formulare und Verantwortlichkeiten fest.

**Ergebnis: Feste Plätze reduzieren Suchzeiten und Aufräumzeiten werden kürzer, da Unterlagen schnell zurückgestellt bzw. abgelegt werden können.**

**Shitsuke:** Disziplin: Mache Sauberkeit und Ordnung zu deinem persönlichen Anliegen! Auf Deutsch und für Ihre Arbeit heißt das: „Alle Punkte einhalten und ständig verbessern".

Wichtig ist, dass man am Ball bleibt. Einmal aufräumen und dann nie wieder, macht keinen Sinn. Die Gefahr ist groß, dass sich alte Verhaltensmuster wieder einschleichen. Die Verbesserung Ihres Arbeitsplatzes sollte ein stetiger Prozess sein. Sie sollten immer wieder von Neuem Arbeitsprozesse hinterfragen. Macht das Sinn, was ich mache? Oder kann man es anders beziehungsweise besser machen?

**Ergebnis: Standards als Grundlage für weitere Optimierungen.**

**Verfallen Sie nicht in Ihre alte Routine. Prüfen Sie Ihre Checklisten und erweitern Sie diese bei Bedarf.**

**Bleiben Sie auch hinterher am Ball!**

Das Ausmisten versorgt Sie mit einem wunderbaren Gefühl der Freiheit. Der Kopf ist wieder frei, um neu und kreativ zu denken, weil Sie unnötigen Ballast losgeworden, die Papierstapel endlich aufgelöst sind und sich eine Ordnung eingestellt hat, in der Sie sich nicht nur selbst gut zurechtfinden, sondern auch der Rest der Mannschaft. Nach getaner Arbeit müssen Sie nicht mehr nach Unterlagen suchen, weil diese nun richtig abgelegt sind.

Machen Sie sich Gedanken, wie Sie in Ihrem Arbeitsumfeld weitere Optimierungen einleiten können. Visualisieren Sie bestimme Arbeitsabläufe. Machen Sie Dinge selbsterklärend. Möglichweise kann ein Schild am Kopierer, wie man den Toner wechselt, wahre Wunder dabei bewirken, weniger durch fragende Mitarbeiter unterbrochen zu werden.

Bleiben Sie dabei, jedes Dokument und jeden Gebrauchsgegenstand nur einmal anzufassen und dann direkt zu entscheiden, was damit passiert. Überlegen Sie genau, was Sie behalten möchten und wozu. Misten Sie regelmäßig Ihre Info-Sammlung aus. Bestellen Sie unnötige schriftliche oder digitale Informationen ab, die Sie eh nicht lesen. Haben Sie einen Aufbewahrungsort für Zeitungen oder Unterlagen, die Sie noch lesen möchten? Begrenzen Sie ganz bewusst das Volumen. Erreicht Ihr Lesestapel eine gewisse vordefinierte Höhe, dann heißt es: „Tabula rasa". Aussortieren, denn die Informationen sind gegebenenfalls auch nicht mehr tagesaktuell.

**Nicht lange nachdenken – anfangen!**
Haben Sie sich entschieden, Ihre Büroorganisation zu verbessern? Dann starten Sie innerhalb der nächsten 72 h mit der 5-S-Methode. Am Anfang müssen Sie womöglich Ihren inneren Schweinehund überwinden. Aber wie schon Buddha sagte: „Auch eine Reise über tausend Meilen beginnt mit einem Schritt." Fangen Sie mit dem 1. Schritt an, Ordnung in Ihren Büroalltag zu bringen, und verlieren Sie keine Zeit mehr durch Suchen.

## 1.3 Fazit für Ihren Büroalltag

- Betrachten Sie Ihr Büro mit den Augen eines Besuchers was sieht er?
- Nehmen Sie sich ausreichend Zeit für Ihre Büro-Inventur
- Beziehen Sie Ihre Kollegen, Ihren Chef, Ihr Team mit ein
- Klären Sie die 5-S-Methode
- Legen Sie einen Zeitplan fest, bis wann alles umgesetzt werden soll

- Setzen Sie zeitnah um
- Machen Sie ein Vorher-Nachher-Bild
- Geben Sie sich gegenseitig Feedback
- Machen Sie sich 1-mal im Jahr einen Termin und gehen Sie die 5-S-Methode nochmals durch

# 2

# Organisation 2: Meeting-Management – Im Office

Ständig werden Meetings überzogen oder enden ohne ein konkretes Ergebnis. Noch viel schlimmer: Zu viele Manager verbringen ihre Arbeitszeit in Besprechungen, ohne dass diese Meetings eine große Relevanz für ihre tägliche Arbeit haben und verschwenden so ihre wertvolle Zeit. Aber nicht nur die Teilnehmer sind manchmal fehl am Platz. Auch werden beiläufig andere Dinge während einer Besprechung gemacht. Es werden E-Mails gecheckt und beantwortet, in sozialen Medien gesurft. Die meisten sind nicht auf das Besprechungsthema konzentriert, diskutieren nicht mit oder behalten nicht nachhaltig, was gesagt wurde.

© Springer Fachmedien Wiesbaden GmbH, ein Teil von Springer
Nature 2020
E. Romanic, *Geheimwaffe: Assistenz II*,
https://doi.org/10.1007/978-3-658-29920-0_2

**Abb. 2.1**   (Quelle: Bitmoji)

## 2.1    Was ist die Herausforderung?

Das Problem beginnt bereits vor dem Meeting. Es wird viel zu wenig Zeit in die Vorbereitung und Planung einer Sitzung gesteckt. Die meisten Besprechungen haben einen Anfang und ein offenes Ende. Die wenigsten verteilen Unterlagen und die Mitarbeiter kommen meistens unvorbereitet oder lustlos in die Besprechung.

## 2.2    Wie Sie Meetings effizienter vorbereiten können

Zur effektiven Chefentlastung gehört ein sehr gut organisiertes Meeting-Management. Hier kommt die Assistenz ins Spiel. Verabreden Sie Spielregeln mit Ihrem Chef und Ihrem Team. Welche das sein könnten?

Die besten Tipps für ein zielführendes Meeting habe ich hier für Sie zusammengestellt.

**Tipp 1: Kein Meeting ohne Agenda** Fragen Sie bei allen Teilnehmern ab, welche Punkte im Meeting besprochen werden sollen. Fragen Sie TOP′S und die Länge der Beiträge bei allen Beteiligten ab. Entwerfen Sie eine Tagesordnung und legen Sie einen festen Zeitrahmen für das Meeting fest. Stimmen Sie mit dem Chef die Tagesordnung ab. Eventuell streichen Sie einige Punkte, falls das Meeting zu lang scheint. Ein Meeting sollte nicht länger als 90 min dauern, da sonst die Konzentration und Aufmerksamkeit der Teilnehmer nachlässt. Sollte die Besprechung dennoch länger andauern, planen Sie ausreichende Pausen ein. Lüften Sie in den Pausen den Raum und lassen Sie die Meeting-Teilnehmer kurz aufstehen und wenn möglich an die frische Luft gehen.

**Tipp 2: Start und Ende des Meetings festlegen** „Wir machen solange, bis alles durchgesprochen ist" ist nicht mehr zeitgemäß. Bestimmen Sie Anfang und Ende der Besprechung. Leiten Sie Ihre Teilnehmer an, sich an die vorgegebenen Redezeiten zu halten. Diskussionen, die nicht auf der Agenda stehen, lagern Sie am besten aus.

**Tipp 3: Teilnehmer einladen** Laden Sie Ihre Teilnehmer per E-Mail oder Kollaborations-Tool zur Sitzung ein.

**Tipp 4: Agenda im Vorfeld zur Verfügung stellen** Stellen Sie die Agenda den Teilnehmern im Vorfeld zur Verfügung. Um keine unnötigen E-Mails hin- und herzuschicken, nutzen Sie OneNote als Organisationstool oder den SharePoint Ihres Unternehmens, um die Agenda und sonstige Unterlagen allen Teilnehmern in der Cloud zur Verfügung zu stellen. Damit verhindern Sie das Zumüllen des E-Mail-Postfachs der Empfänger und unnötiges Speichern der Agenda auf vielen verschiedenen Laufwerken. Und schlussendlich auch das Ausdrucken der Agenda auf Papier. Mit OneNote hat jeder Teilnehmer die TOP's, das Protokoll der letzten Sitzung sowie weitere Projektunterlagen bzw. Unterlagen, die die Besprechung betreffen, sofort griffbereit- ohne lange Suchzeiten.

**Tipp 5: Richtige Anordnung der TOP's** Ordnen Sie die TOP's so an, dass die Punkte, die alle Mitarbeiter betreffen, am Anfang stehen. So können nach und nach die Mitarbeiter den Raum verlassen, die nicht primär an den einzelnen Projektthemen beteiligt sind. Sie verpassen nichts, da im Anschluss der Besprechung, am besten 2 Tage nach der Sitzung, das Protokoll in OneNote hinterlegt wird. Die Besprechungsteilnehmer können dann im Nachhinein nachvollziehen, was zu den anderen Themen, die nicht für die eigene Arbeit relevant sind, noch besprochen wurde.

**Tipp 6: Bestimmen Sie im Vorfeld eine Person, die das Protokoll schreibt** Wichtig ist es, vor dem Meeting einen Protokollanten zu bestimmen. Es ist irritierend, wenn einer im Meeting willkürlich dafür ausgewählt wird und gar nicht bis zum Ende daran teilnimmt. Gut wäre es, wenn das Protokoll immer wieder von der gleichen Person erstellt werden kann. Somit hat man jemanden permanent im Meeting sitzen, der dem Verlauf folgen kann und immer die gleiche Qualität abliefert. Sollten Sie bereits die Funktion des Moderators haben, dann sollten Sie auf keinen Fall, die des Protokollführers übernehmen. Sie können sich nicht auf 2 Aufgaben gleichzeitig konzentrieren, so können beide nicht zu 100 % erfüllt werden. Bestimmen Sie den Protokollführer vor der Sitzung. Keiner macht Luftsprünge und schreit „ich will", wenn man diese Rolle jemanden während des Meetings zuordnen möchte.

**Tipp 7: Bennen Sie einen Moderator** Jede Besprechung benötigt eine Besprechungsleitung. Benennen Sie einen Moderator, damit er die Diskussion gezielt führen kann. Der Moderator soll außerdem den Ablauf des Meetings vorgeben, die Teilnehmer motivieren, Vielrednern und Selbstdarstellern Einhalt gewähren.

**Tipp 8: Sitzungspunkte zusammenfassen** Fassen Sie jeden Punkt auf der Agenda nochmals zusammen. So ist es für den Protokollanten einfacher, die Inhalte des Niedergeschriebenen zu prüfen und gegebenenfalls anzupassen.

**Tipp 9: Zeitmanager benennen** Benennen Sie einen Zeitmanager für die Sitzung. Dieser ist dafür verantwortlich, dass die vorgesehenen Zeiten auch eingehalten werden. Nutzen Sie Sanduhren oder einen digitalen Timer, sodass alle Teilnehmer ihre Redezeit im Blick behalten und pünktlich zum Ende kommen.

**Tipp 10: Pünktlichkeit** Vereinbaren Sie, dass jedes Meeting pünktlich startet und endet. Ein großer Störfaktor sind immer wieder Teilnehmer, die zu spät kommen. Dadurch wird der Redner aus dem Inhalt gerissen und der Protokollant hat seine Probleme das Gesagte nachzuvollziehen. Pünktlich sollte das Meeting auch enden, damit alle anderen Teilnehmer zu anschließenden Besprechungen nicht zu spät kommen. Auch ist es unkollegial, wenn der Meeting-Raum nur bis 16:00 Uhr reserviert ist, das Meeting überzogen wird und das nächste Team vor der Tür steht und selbst unpünktlich anfangen muss. Ein Rattenschwanz, der nicht sein muss.

**Tipp 11: Diskussionspunkte notieren** Notieren Sie Diskussionspunkte und planen Sie diese für die nächste Sitzung ein. Fördern Sie Diskussionen und Ideenaustausch.

**Tipp 12: Stehkonferenzen (Stekos) einführen** Lassen Sie Meetings auch mal im Stehen stattfinden. Stellen Sie ein paar Stehtische auf und sorgen Sie dafür, dass ein Flipchart oder Whiteboard in der Nähe ist, damit die Besprechungsinhalte dokumentiert werden können. Stekos dauern in der Regel nicht länger als eine halbe Stunde und sind sehr effizient. Die Teilnehmer verlieren sich nicht in Endlosdiskussionen, da keiner gerne lange stehen kann und will.

**Tipp 13: Kurzprotokoll bei Stekos** Fotografieren Sie die Ergebnisse der Sitzung ab und legen Sie das Protokoll den Mitarbeitern, wie in Ihren Spielregeln vereinbart, vor. Dafür bietet sich hervorragend die App Office Lens von Microsoft an.

## 2.3 Fazit für Ihre Meeting-Organisation: Meeting-Regeln für alle

Vereinbaren Sie Meeting-Regeln mit Ihrem Team. Brainstormen Sie im nächsten Meeting, wie Sie Ihre Besprechungen zukünftig effizienter für alle gestalten wollen:

Hier einige Anregungen für gemeinsame Spielregeln mit Ihrem Team:

• Wie gehen wir mit Telefonen, iPad, PCs um? Lautlos? Abgeben?

- Wie gehen wir mit Kollegen und anderen Teilnehmern um? Ausreden lassen, niemanden unterbrechen
- Alle sind vorbereitet für die Besprechung, sowohl inhaltlich als auch mit den entsprechenden Unterlagen und Schreibwerkzeug
- Sonderthemen dürfen bei Bedarf vorher eingereicht werden
- Unterlagen werden nicht mehr ausgedruckt, sondern digital zur Verfügung gestellt
- Pünktlicher Beginn: Wer zu spät kommt, zahlt ohne Begründung 1,00 € in die Teamkasse
- Termine sind realistisch einzuschätzen und in den Kalender einzutragen
- Pünktliches Ende ist garantiert, damit Folgesitzungen wahrgenommen werden können
- Aufeinanderfolgende Termine sind 30 min zeitversetzt zu planen
- Geistige und körperliche Anwesenheit
- Puffer einplanen: kein Zeitdruck nach dem Meeting
- Schweigen bedeutet Zustimmung: Jeder bringt sich ein
- Es geht immer um die Sache, nie um die Person
- Es werden Themen angesprochen, die alle angehen; persönliche Dinge können nach dem Meeting geklärt werden …

**Hier können noch Ihre Ideen stehen:**

# 3

# Organisation 3: (Online-)Meetings und Video-/Telefonkonferenzen effizient gestalten

Klassische Meetings im Besprechungszimmer weichen immer mehr Video- oder Telefonkonferenzen. Das flexible und ortsunabhängige Arbeiten bringt neue Herausforderungen für die Kommunikation und für den Austausch im Team mit sich. Die Globalisierung macht es möglich: Teammitarbeiter arbeiten meistens nicht mehr am gleichen Ort oder im selben Bürokomplex, sondern sitzen mittlerweile verteilt an verschiedenen Standorten.

Gerade weil Teams immer weniger Face-to-Face kommunizieren, erhält der persönliche Austausch immer mehr an Bedeutung. Durch das Arbeiten in Echtzeit, können Informationen schnell in „Channels" ausgetauscht werden. Trotzdem sollte es eine gute Mischung zwischen digitaler und persönlicher Kommunikation geben. Ein Patentrezept, für einen „guten" Austausch gibt es nicht wirklich. Vor allem sind es Spielregeln, die gemeinsam verabredet werden müssen, damit der Informationsfluss professionell und effizient erfolgen kann.

© Springer Fachmedien Wiesbaden GmbH, ein Teil von Springer Nature 2020
E. Romanic, *Geheimwaffe: Assistenz II*,
https://doi.org/10.1007/978-3-658-29920-0_3

**Abb. 3.1**    (Quelle: Bitmoji)

**Die Verantwortung** Die Verantwortung für gute Meetings, sei es digital oder analog, liegt ausschließlich in der Hand der Beteiligten. Umso mehr Verabredungen eingehalten werden, desto professioneller gestaltet sich das Meeting. Das führt dazu, dass zukünftig Meetings besser vorbereitet werden sollten. Ein Meeting ohne Agenda, ohne Vorbereitung und ohne Beteiligung und Disziplin der Teammitglieder ist nicht mehr zeitgemäß.

Worauf es zu achten gilt, damit Online-Meetings in Zukunft gelingen, können folgende Meeting-Spielregeln zeigen:

### Nehmen Sie sich Zeit zu planen

Egal ob virtuell oder als Präsenzmeeting – eine gute Planung verspricht Erfolg. Nehmen Sie sich ausreichend Zeit für die Technik, wenn Sie eine Video- oder Telefonkonferenz planen. Meistens scheitern solche Besprechungen aufgrund von mangelnder Vorbereitung.

Eine gute Internetverbindung oder Telefonleitung sollte gewährt sein, damit alles reibungslos funktioniert. Versenden Sie keine Dokumente während einer Sitzung, sondern versorgen Sie die Teilnehmer rechtzeitig mit Sitzungsunterlagen. Diese können auf SharePoint, einem gemeinsamen Laufwerk oder OneNote hinterlegt werden. So ist jeder auf dem gleichen Wissensstand. Das Versenden und Öffnen von Dokumenten während eines Meetings lenkt zu sehr ab und kann auch dazu führen, dass die Leitungen zusammenbrechen, je nachdem wo sich die Teilnehmer gerade befinden.

**Fassen Sie Ergebnisse zusammen**
Gerade bei Telefonkonferenzen, bei denen man die Körpersprache und die Mimik des anderen nicht sieht, kann es zu Missverständnissen in der Kommunikation kommen. Fassen Sie nach jedem Agendapunkt die Ergebnisse zusammen. Der Protokollführer wird Ihnen dafür dankbar sein. Außerdem haben Sie dann direkt schon eine Bestätigung für diesen Punkt im Protokoll von den Teilnehmern erhalten.

**Sprechen Sie verständlich**
In manchen Sitzungen kommen die Rhetoriker auf ihre Kosten. Wichtig ist, dass jeder das Gesagte richtig verstanden hat. Fassen Sie sich kurz. Nutzen Sie einfache und bildhafte Formulierungen und vermeiden Sie Schachtelsätze sowie Fremdwörter. Denken Sie daran, Sie sind im Thema, die anderen müssen sich immer wieder neu in die Thematik reindenken.

**Protokolle**
Sie haben mehrere Möglichkeiten, die Freigabe der Teilnehmer für das Protokoll zu erhalten. Entweder Sie schreiben ein Live-Protokoll während der Sitzung und

die Teilnehmer verabschieden es direkt innerhalb der Besprechung. Oder Sie verabreden, dass das Ergebnisprotokoll spätestens einen Tag nach der Sitzung auf einem gemeinsamen Laufwerk, SharePoint oder bestenfalls OneNote hinterlegt wird.

Zum Thema Protokoll siehe Kap. 4.

### Einhaltung der Spielregeln

Halten Sie Ihre Teilnehmer dazu an, sich stetig zu verbessern. Das Einhalten von Spielregeln fördert die Teamarbeit und hat schlussendlich einen Nutzen für alle Beteiligten.

Schlagen Sie Ihren Teamkollegen vor, gemeinsame Meeting-Regeln auszuarbeiten und zu verabschieden. Dann ist die Wahrscheinlichkeit groß, dass diese auch eingehalten werden.

### Online-Meetings brauchen mehr Vorbereitung

Wenn bei Ihnen heute schon Besprechungen und Jour-Fixe-Termine in Online-Meeting-Räumen wie Skype for Business, WebEx, GoToMeeting, Vitero oder Adobe Connect zum Alltag gehören, dann brauchen Sie besondere Spielregeln für die Kommunikation. Nicht nur im internen Austausch, sondern auch in Abstimmungen mit Kunden und Geschäftspartnern.

Die Nachteile von Telefonkonferenzen sind bekannt. Man sieht die entsprechenden Personen nicht, es kann leicht zu Missverständnissen in der Kommunikation kommen, da man eventuell einander nicht sieht. Man kann keine Inhalte über den Bildschirm teilen.

Bei Videokonferenzen können Sie Ihre Gesprächspartner sehen. Online-Meetings sind noch effizienter. Im Unterschied zu Telefonkonferenzen können Sie sich nicht nur sehen, sondern auch austauschen, Themen präsentieren, gemeinsam kommentieren, diskutieren, neue

Ideen brainstormen und kreativ entwickeln und natürlich priorisieren, abstimmen und entscheiden.

Ohne Spielregeln läuft nun mal nichts in virtuellen Besprechungen. Hier für Sie ein paar Tipps für eine gute Vorbereitung und Planung eines Online-Meetings:

- Regelmäßige Termine im Voraus planen, um aktuelle Themen zu besprechen. Gerade der regelmäßige Austausch ist wichtig, wenn man sich nicht persönlich trifft, um Beziehungen zu Teamkollegen aufzubauen. Je besser ein Team eingespielt ist, desto einfacher ist es, auf Medien für die Kommunikation auszuweichen.
- Regelmäßige persönliche Meetings einplanen (mindestens 1-mal im Quartal oder monatlich).
- Kein Meeting ohne Agenda.
- Bestimmen Sie einen Moderator oder nehmen Sie selbst diese Rolle ein. Eine Assistenz muss nicht zwangsläufig immer nur der Organisator oder Protokollführer sein.
- Sollten Sie für die Rolle des Moderators eingeplant sein, dann leiten Sie die Diskussionen und greifen ein, wenn TN durcheinander sprechen. Sie begrüßen und verabschieden die Teilnehmer.
- Bestimmen Sie einen Protokollführer vorab oder seien Sie selbst der Protokollführer und halten Sie Ergebnisse schriftlich fest.
- Bestimmen Sie einen Time-Keeper, der die Zeit im Blick behält.
- Versenden Sie Dokumente immer im Voraus. Senden Sie Unterlagen während eines Online-Meetings raus, kann das zu Störungen, im schlimmsten Fall zum Zusammenbruch der Verbindung führen.
- Planen Sie immer genug Zeit für die Technik ein. Ein Online-Meeting braucht mehr Vorbereitung: Die Verbindung muss halten und für alle Teilnehmer sollten die Einwahldaten funktionieren.

- Bei Online-Meetings fehlt der Small Talk vor dem Meeting, was bei normalen Meeting selbstverständlicher Bestandteil ist. Führen Sie für Ihre Teilnehmer ein Warm-up ein, damit alle in einer entspannten Atmosphäre ins Online-Meeting gehen.
- Halten Sie schriftliche Regeln fest, wie das Meeting verlaufen soll.
- Lassen Sie die Teilnehmer sich in einer Vorstellungsrunde vorstellen, so weiß jeder, mit wem er es gerade zu tun hat.
- Halten Sie als Regel fest, dass jeder Teilnehmer seinen Namen sagt, bevor er spricht.
- Halten Sie als Regel fest, dass die Teilnehmer immer mit Namen angesprochen werden.
- Wenn Sie Moderator sind, versuchen Sie, Diskussionen auszulagern, die nicht alle betreffen oder setzten Sie diese Agendapunkte nach hinten.
- Wenn Sie Protokollführer sind, fassen Sie nach jedem Agendapunkt die Ergebnisse zusammen. So haben Sie die Bestätigung, dass Sie alles verstanden und den Agendapunkt direkt verabschiedet haben.
- Halten Sie alle Ergebnisse direkt im Live-Protokoll schriftlich fest.
- Denken Sie daran, nicht den kompletten Bildschirm zu teilen. Peinlich wird es dann, wenn das E-Mail-Pop-up-Fenster aufgeht und Nachrichten aufpoppen, die die anderen nichts angehen.
- Denken Sie daran, dass Sie „live" für die Kunden, Mitarbeiter und Geschäftspartner zu sehen sind. No-Gos sind unaufgeräumte Büros, schlechte Hintergründe, nicht gut ausgeleuchtete Meeting-Räume, unangebrachte Kleidung oder auch Geräuschkulissen durch geöffnete Fenster.

- Achten Sie auf gepflegte und dem Anlass entsprechende Kleidung, ein Meeting, auch online ist eine offizielle Besprechung.
- Und ... beim Umgang mit Technik ... Zeit einplanen und TESTEN.

Vielleicht haben Sie demnächst Gelegenheit, einige meiner Effizienz-Tipps auszuprobieren? Jede Maßnahme hilft Ihrem Chef und den Mitarbeitern, in Zukunft Zeit und Nerven zu sparen. Fangen Sie heute an und verbessern Sie Schritt für Schritt die Effizienz Ihrer Besprechungen. Ihr Chef wird dankbar sein – die Kollegen auch.

**Wenn es dann internationaler wird ...**
... es gibt viele Anbieter, die Telefonkonferenz-Services für Unternehmen anbieten. Die Tarife sind unterschiedlich und müssten bei dem jeweiligen Anbieter erfragt werden. Das Prinzip der Telefonkonferenz-Dienste ist aber immer das Gleiche: Einmal registriert, bekommt man eine feste Einwahlnummer sowie eine Teilnehmer-PIN. Die Einwahlnummer und Teilnehmer-PIN wird an die Konferenzteilnehmer per E-Mail oder Chat versendet. Zur verabredeten Zeit wählen alle Teilnehmer die Nummer und werden anschließend aufgefordert, die PIN einzugeben. Nun können sich alle zusammen im virtuellen Konferenzraum austauschen.

Es gibt natürlich auch kostenlose Alternativen, wie z. B. Skype. Microsoft hat mittlerweile das Skype for Business durch MS Teams ersetzt. Teams bündelt Chat, Videokonferenzen, Telefonanrufe und gemeinsame Dokumenterstellung in einer einheitlichen Anwendung. Dazu später mehr.

Skype für Mobiltelefone und für den Desktop (Windows, Mac OS X und Linux) kann man nach wie vor installieren und nutzen. Genauso kann man die Vielfalt von Skype bequem im eigenen Browser nutzen, ohne die Anwendung auf Ihrem Computer oder Mobiltelefon zu installieren. Dabei unterstützt die Web-Version die Browser Microsoft Edge und Google Chrome. Das herausragende bei Skype für den Desktop ist ein neues Add In.

Der Skype Translator: Er ist auf Geräten mit Windows 7 und höher verfügbar. Mit dem Skype Translator können Sprachbarrieren mit Ihren Geschäftspartnern überwunden werden.

### Ein Praxisbeispiel

Sie planen eine Telefonkonferenz mit z. B. chinesischen Geschäftspartnern. In Normalfall sprechen Sie mit Ihren chinesischen Geschäftspartnern auf Englisch. In den meisten Fällen kann es hier zu Missverständnissen aufgrund von Sprach- bzw. Kommunikationsbarrieren kommen. Sie führen das Gespräch auf Ihrer Muttersprache, z. B. deutsch, der Chinese hört das Gesagte auf seiner Muttersprache chinesisch und kann direkt auf Chinesisch antworten. Sie erhalten seine Informationen auf Deutsch.

Mit dem Skype Translator ist man auf der sicheren Seite. Das Programm kann mittlerweile (wir befinden uns im Jahr 2020) in 10 Sprachen für Sprachanrufe simultan übersetzen darunter **Arabisch, Chinesisch (Mandarin), Englisch, Französisch, Deutsch, Italienisch, Portugiesisch (Brasilien), Russisch** und **Spanisch**.

Der **Textübersetzer** überträgt Chatnachrichten präzise und schnell in mehr als **60 Sprachen**. Natürlich kommen laufend neue Sprachen hinzu. In meinem Seminaren werde ich oft gefragt: „Wie gut ist der Skype Translator bereits?" Nun, er ist ziemlich gut in den geläufigen Weltsprachen. Einen Übersetzer kann das Programm sicherlich noch nicht ersetzen. Soll es auch nicht. Die Satzstellung ist nicht immer vollkommen vorbildlich, aber das Programm basiert auf einem maschinellen Lernprozess. Je öfter Sie die Funktion nutzen, desto „intelligenter" wird die App. Ihre eingesetzten Fachausdrücke werden schnell übernommen und die Übersetzung wird immer professioneller.

Einmal auf Ihrem Rechner installiert, können Sie Ihre Arbeitskollegen oder Kunden als Kontakte hinzufügen und kostenlos von Rechner zu Rechner telefonieren. Dazu benötigen Sie Kopfhörer und ein Mikrofon, das entweder im Rechner schon eingebaut ist oder wie bei Freisprecheinrichtungen am Kopfhörer angebracht ist. Mit einer Kamera können Sie über Skype auch Videokonferenzen durchführen. Der Online-Übersetzer steht Ihnen per Desktop, Mobilgerät, Tablet, Xbox-Konsole und über Ihre bevorzugten Wearables zur Verfügung. So können Sie praktisch jederzeit und überall noch besser (und in Echtzeit) kommunizieren – zu Hause, im Büro und unterwegs. Eine gute Alternative zu Skype bietet Discord. Discord hat fast alle Funktionen, die Skype auch bietet. Man kann chatten, anrufen oder eine Videokonferenz durchführen. Es ist intuitiv zu bedienen und auch Anfänger kommen mit dem Programm leicht zurecht. Viele kennen Discord nicht, da es ursprünglich als umfangreicher Sprach- und Textchat für Gamer gedacht war.

Mit dem Programm Adobe Connect können Audio und Video übertragen werden. Der eigene Desktop kann für andere geteilt werden und Dateien für das Meeting können hochgeladen werden. Die Dateien stehen allen Teilnehmern auch nach Ende des Meetings zur Verfügung, da sie unter dem jeweiligen Meeting auf den Connect Server abgelegt werden. Vgl. https://www.vc.dfn.de/webkonferenzen.html.

Weitere Tools für Videokonferenzen: Google Hangout, Apple Facetime, ICQ und Yahoo Messenger, Cisco WebEx, Citrix ToToMeeting, Zoom, GoToMeeting.

## Online-Konferenzplaner

Arbeitet man mit Mitarbeitern in unterschiedlichen Zeitzonen, so ist es wichtig, die richtigen Zeiten für die vielen Videokonferenzen im Blick zu behalten. Insbesondere, wenn Sie mit Kollegen und Geschäftspartnern in Asien und in den USA kommunizieren müssen. Meistens ist es so, dass eine Zeitzone in den sauren Apfel beißen muss und die Videokonferenz am frühen Morgen startet und die anderen Überstunden machen müssen. Wenn Sie

Mitarbeiter aus unterschiedlichen Zeitzonen zusammenbringen müssen, dann hilft Ihnen bei der Planung der bestmöglichen Zeiten ein kostenloses Tool im Internet. Nutzen Sie den Konferenzplaner www.timeanddate.de unter der Rubrik Konferenzplaner: www.timeanddate.de/Zeitzonen/konferenzplaner (vgl. Abb. 3.2).

In die Maske geben Sie nur das Datum ein, an dem Sie die Telefonkonferenz durchführen wollen. Im nächsten Schritt wählen Sie die Städte aus, wo die Teilnehmer der Telefonkonferenz sich derzeit befinden. Mit einem Klick auf „Günstige Gesprächszeiten finden", erhalten Sie auf einem Blick die passenden Zeiten für die avisierte Konferenz (vgl. Abb. 3.3).

Es erscheint eine Liste rund um das gewählte Datum im Stundentakt. In dieser Darstellung erkennen Sie sofort, dass alle *rot* hinterlegten Zeiten, keine Optionen sind. Bei den *gelb* hinterlegten Zeiten handelt es sich um normale Zeiten, außerhalb der Arbeitszeit und die *grünen* Zeiten, sind passende Zeiten über alle Zeitzonen hinweg. In unserem Beispiel gestaltet es sich schwierig, eine optimale Zeit zu finden. Gleichwohl alles zwischen 13:00–15:00 Uhr deutscher Zeit möglich wäre.

**Datum und Städte wählen**

| Tag: | 26 ⌄ | **Monat:** | April ⌄ | **Jahr:** | 2019 ⌄ | ▦ |
|---|---|---|---|---|---|---|
| Ort 1: | Soest | ⌄ | Suchen... | Zeitzonen... | | |
| Ort 2: | New York | ⌄ | Suchen... | Zeitzonen... | | |
| Ort 3: | Peking | ⌄ | Suchen... | Zeitzonen... | | |

| Mehr Städte hinzufügen | Günstige Gesprächszeiten finden |
|---|---|

**Abb. 3.2**   Konferenzplaner – Meeting Planer

| UTC-Zeit | Soest | New York | Peking |
|---|---|---|---|
| Freitag, 26. April 2019, 02:00:00 | Fr 04:00 * | Do 22:00 * | Fr 10:00 |
| Freitag, 26. April 2019, 03:00:00 | Fr 05:00 * | Do 23:00 * | Fr 11:00 |
| Freitag, 26. April 2019, 04:00:00 | Fr 06:00 * | Fr 00:00 * | Fr 12:00 |
| Freitag, 26. April 2019, 05:00:00 | Fr 07:00 * | Fr 01:00 * | Fr 13:00 |
| Freitag, 26. April 2019, 06:00:00 | Fr 08:00 * | Fr 02:00 * | Fr 14:00 |
| Freitag, 26. April 2019, 07:00:00 | Fr 09:00 * | Fr 03:00 * | Fr 15:00 |
| Freitag, 26. April 2019, 08:00:00 | Fr 10:00 * | Fr 04:00 * | Fr 16:00 |
| Freitag, 26. April 2019, 09:00:00 | Fr 11:00 * | Fr 05:00 * | Fr 17:00 |
| Freitag, 26. April 2019, 10:00:00 | Fr 12:00 * | Fr 06:00 * | Fr 18:00 |
| Freitag, 26. April 2019, 11:00:00 | Fr 13:00 * | Fr 07:00 * | Fr 19:00 |
| Freitag, 26. April 2019, 12:00:00 | Fr 14:00 * | Fr 08:00 * | Fr 20:00 |
| Freitag, 26. April 2019, 13:00:00 | Fr 15:00 * | Fr 09:00 * | Fr 21:00 |
| Freitag, 26. April 2019, 14:00:00 | Fr 16:00 * | Fr 10:00 * | Fr 22:00 |
| Freitag, 26. April 2019, 15:00:00 | Fr 17:00 * | Fr 11:00 * | Fr 23:00 |
| Freitag, 26. April 2019, 16:00:00 | Fr 18:00 * | Fr 12:00 * | Sa 00:00 |
| Freitag, 26. April 2019, 17:00:00 | Fr 19:00 * | Fr 13:00 * | Sa 01:00 |
| Freitag, 26. April 2019, 18:00:00 | Fr 20:00 * | Fr 14:00 * | Sa 02:00 |
| Freitag, 26. April 2019, 19:00:00 | Fr 21:00 * | Fr 15:00 * | Sa 03:00 |
| Freitag, 26. April 2019, 20:00:00 | Fr 22:00 * | Fr 16:00 * | Sa 04:00 |
| Freitag, 26. April 2019, 21:00:00 | Fr 23:00 * | Fr 17:00 * | Sa 05:00 |
| Freitag, 26. April 2019, 22:00:00 | Sa 00:00 * | Fr 18:00 * | Sa 06:00 |
| Freitag, 26. April 2019, 23:00:00 | Sa 01:00 * | Fr 19:00 * | Sa 07:00 |
| Samstag, 27. April 2019, 00:00:00 | Sa 02:00 * | Fr 20:00 * | Sa 08:00 |
| Samstag, 27. April 2019, 01:00:00 | Sa 03:00 * | Fr 21:00 * | Sa 09:00 |
| Samstag, 27. April 2019, 02:00:00 | Sa 04:00 * | Fr 22:00 * | Sa 10:00 |

**Abb. 3.3** Konferenzplaner    Timeanddate.    (Quelle:    www. timeanddate.de)

### Terminvereinbarungen

Nach wie vor ist die Terminplanung für Meetings eine große Herausforderung für Assistenzen. Outlook-Kalender sind bestenfalls nicht up to date und werden stiefmütterlich gepflegt. Für Meetings, die Sie intern organisieren, reicht die automatische Besprechungsanfrage über Outlook, um einen gemeinsamen Termin zu finden. Voraussetzung ist, dass alle Teammitglieder Outlook als digitalen Kalender nutzen und dieser auch immer auf den aktuellen

Stand ist. Eine automatische Besprechungsanfrage via Outlook kann sonst nicht sinnvoll genutzt werden.

**Praxisbeispiel**

Ihr Chef hat in seinem Terminkalender bereits bestimmte Termine verplant. Trotzdem schicken Kollegen noch Terminanfragen zu genau diesen Terminen? Sehen die Kollegen denn nicht, dass der Chef bereits verplant ist? Möglicherweise nicht, weil die Chef-Termine eventuell nicht richtig gekennzeichnet worden sind. Ihr Chef sollte zum Beispiel bei einem auswärtigen Termin als „abwesend" angezeigt werden und nicht als „frei". Mit der richtigen Kennzeichnung der Termine können die Mitarbeiter und Kollegen sehen, wie und wann der Chef gebucht ist.

Tipp: Kennzeichnen Sie die Termine Ihres Chefs in Outlook mit einer sinnvollen Beschreibung. Gehen Sie dabei folgendermaßen vor:

Klicken Sie im Outlook auf den Kalender Ihres Chefs. Klicken Sie mit der rechten Maustaste auf den Termin und wählen Sie den Status einfach unter ANZEIGEN aus. Wählen Sie an dieser Stelle aus, ob Sie den jeweiligen Termin als FREI, MIT VORBEHALT, BESCHÄFTIGT oder ABWESEND markieren. Schauen Sie in der folgenden Tabelle nach, welcher Status wann sinnvoll ist (siehe Abb. 3.4).

| Kennzeichnung | Wann sinnvoll |
| --- | --- |
| Frei | Der Zeitraum im Kalender wird als frei angezeigt, obwohl Sie einen Termin eingetragen haben. Diese Kennzeichnung eignet sich zum Beispiel für ganztägige Erinnerungen wie die Schulferien der Kinder oder Geburtstage. |
| Mit Vorbehalt | Kennzeichnen Sie so nur Termine, wenn diese recht unsicher sind und mit hoher Wahrscheinlichkeit wieder wegfallen werden. Diese Kennzeichnung signalisiert den Kollegen, dass Ihr Chef zu diesen Zeiten möglicherweise doch verfügbar sein wird. |
| Beschäftigt | Gebuchte Termine markieren Sie in der Regel mit „Beschäftigt", damit weitere Terminanfragen entfallen. |
| Abwesend | So kennzeichnen Sie Urlaubsabwesenheiten, Dienstreisen oder Termine außer Haus, also Zeiten, in denen Ihr Chef nicht ins Büro kommt. |

**Abb. 3.4**   Kennzeichnung Kalender

Wie oft passiert es auch, dass es eine Flut an E-Mails, Telefonaten und Abstimmungen braucht, bis ein Termin zwischen mehreren Personen schlussendlich vereinbart ist? Außerdem müssen sämtliche Personen einander Lesezugriff für die Kalender einräumen. Dabei kann jeder entscheiden, ob man den Kalendereintrag sehen kann oder ob der Termin lediglich als „FREI" angezeigt wird. Nicht immer funktioniert die Terminanfrage einwandfrei.

Manchmal macht es durchaus Sinn, ein Tool für die gemeinsame Terminvergabe zu nutzen. Insbesondere dann, wenn auch noch externe Personen zum Meeting eingeladen werden sollen oder man keinen Einblick auf die verschiedenen Kalender hat.

Mit Doodle (www.doodle.de) oder Kulibri (www.kulibri.com), einem cloudbasierten Umfragetool lässt sich ganz einfach eine Terminumfrage erstellen. Diese kann dann direkt an die Teilnehmer weitergeleitet werden. Sobald man eine Terminanfrage angelegt hat, kann ein Link zur Umfrage an alle Teilnehmer gesendet werden. Haben alle Teilnehmer ihren Wunschtermin eingetragen, wählt der Organisator das mehrheitlich abgestimmte Datum aus und bestätigt die finale Option. Einfacher geht es kaum. Der Organisator der Terminabfrage erhält eine Nachricht per E-Mail, wenn einer der Teilnehmer seinen Termin in das Online-Tool eingetragen hat.

In manchen Unternehmen macht die neue DSGVO den cloudbasierten Umfragetools einen Strich unter die Rechnung. Doodle darf, da die Cloud irgendwo, wahrscheinlich auf einen amerikanischen Server, gespeichert ist, nicht genutzt werden. Viele Kolleginnen fragen: Gibt es Alternativen zu Doodle? Ja, es gibt 2 datenschutzkonforme Doodle-Alternativen: Zum einen handelt es sich um das Tool DFN (www.terminplaner4.dfn.de) und Dudle der TU Dresden (www.dudle.inf.tu-dresden.de). Bei diesen Online-Terminplanern erfolgt laut Anbieter:

- keine Speicherung von IP-Adressen,
- die Datenübertragung erfolgt verschlüsselt,
- die Daten werden ausschließlich in Deutschland gespeichert und nicht an Dritte weitergegeben,
- es gibt keine Werbung,
- keinen Einsatz von Analysetools,
- nach Ablaufdatum zu der Terminplanung werden die Daten automatisch gelöscht.

## FindTime

Mit FindTime aus dem Hause Microsoft gibt es ein neues Add In, um Meetings noch einfacher zu planen und um bestmögliche Termine für Besprechungen zu finden. FindTime heißt das kleine Programm unter Office 365 und kann als internes „Doodle" bezeichnet werden. Doodle ist vielen als Online-Terminplanungsassistent bekannt. Der Einladende hat die Möglichkeit, mehrere Terminvorschläge zu machen, aus denen die Teilnehmer dann den favorisierten Termin wählen können.

> **Praxisbeispiel**
>
> Jeder von uns kennt das Problem, wenn es darum geht, Teilnehmer für ein Meeting zu organisieren und immer wieder nachfragen muss, wer wann Zeit hat.
>
> Was mir persönlich an FindTime so gut gefällt ist, dass ich das Programm direkt aus meinem Outlook heraus starten kann. Über die Schaltfläche „New Meeting Tool" kann FindTime die Anfrage direkt beginnen. Man muss nur noch die Empfänger eingeben und kann dann direkt die einzelnen Termine auswählen, die für die Besprechung infrage kommen. Zusätzlich kann man seinen eigenen Kalender in dem Tool einblenden lassen und sofort gewisse Termine auswählen, die in den Zeitplan meines Teams/ Chefs passen. Wenn man die Kalenderfreigabe seines Teams oder Chefs hat, ist es möglich, sofort Termine auszuwählen und somit die Terminfindung nochmals einzugrenzen.Mit FindTime kann ich nicht nur Präsenz-

Meetings, sondern auch bei der Auswahl der „Location" ein Skype-Meeting planen. Nachdem ich den „Button" „Insert to E-Mail" aktiviere, wird sofort eine automatische Einladung als E-Mail in meinem Outlook generiert und kann dann an die Empfänger versendet werden.

Besonders hilfreich für die Assistenzarbeit ist es, dass es bei FindTime ein Meeting-Dashboard gibt, wo man alle versendeten Meeting-Einladungen einsehen und verwalten kann.

Sollte es Änderungen geben, ist es möglich, durch den Editor eine Besprechungsanfrage zu verändern.

Der Adressat braucht in seiner E-Mail nur auf die Option „Select Options" klicken und kommt dann auf die Seite, wo er die Übersicht der vorgeschlagenen Termine sieht und seine favorisierten Termine aussuchen kann. Sobald der Adressat auf „Submit" klickt, werden seine Informationen an die Besprechungsorganisation übertragen.

**Abb. 3.5** (Quelle: Bitmoji)

# 4

## Organisation 4: Protokolle schreiben – Tipps für das perfekte Meeting-Protokoll

Kaum einer macht Freudensprünge, wenn in einer Besprechung die Frage aufkommt: „Wer schreibt heute das Protokoll?" Keiner ruft freiwillig „Hier, … ich möchte gerne!" Ganz im Gegenteil, betretenes Schweigen und umständliches Kramen in den Unterlagen, um ja nicht auserwählt zu werden, ist der Fall. Wie in der Schule, … als keiner als Erster seinen Vortrag vor der Klasse halten wollte. Nichtsdestotrotz, um das Protokollieren kommt man heute nicht mehr Drumherum.

**Das Protokoll: Gedächtnisstütze, Kontrollinstrument, Urkunde**

Sei es bei Elternabenden im Kindergarten oder in der Schule, im Verein oder auch im Job – jedes Meeting erfordert mittlerweile eine Niederschrift des Gesagten. Schließlich sollen auch die Menschen, die nicht an der Besprechung teilgenommen haben, wissen, worum es geht. Außerdem sind Protokolle tolle Gedächtnisstützen,

© Springer Fachmedien Wiesbaden GmbH, ein Teil von Springer Nature 2020
E. Romanic, *Geheimwaffe: Assistenz II,*
https://doi.org/10.1007/978-3-658-29920-0_4

**Abb. 4.1** (Quelle: Bitmoji)

um im Nachhinein nachzulesen, wer wann welche Aufgabe zu welchem Zeitpunkt erfüllen muss. Gerne nutzen Führungskräfte das Protokoll auch als Kontrollinstrument, um nachzuvollziehen, ob eine bestimmte Aufgabe auch entsprechend bearbeitet worden ist. Ansonsten dient das Protokoll auch als Urkunde, insbesondere dann, wenn der Verwaltungs- oder Aufsichtsrat tagt.

**Die verschiedenen Protokollarten**
Doch warum ist das Protokollschreiben bei vielen so unbeliebt? Wahrscheinlich, weil den meisten das Backgroundwissen fehlt. Es gibt verschiedene Protokollarten. Diese bringen auch unterschiedliche Herausforderungen an den Protokollanten mit sich. Nicht jedes Protokoll wird gleich umfangreich ausformuliert und auch ändert sich die Protokollsprache je nach Protokollart. Hier für Sie die wichtigsten Protokollarten im Office und worauf Sie besonders achten müssen.

**Verlaufsprotokoll**

Das Verlaufsprotokoll ist ein sehr ausführliches Protokoll, das den Verlauf der Sitzung inklusive Argumente und Gegenargumente aufzeigt. Bei dieser Art des Protokollierens ist der Weg bzw. der Verlauf zum Ergebnis entscheidend. Es erfolgt aber keine wörtliche, sondern nur eine sinngemäße Wiedergabe des Gesagten. Verlaufsprotokolle werden gerne mit redeeinleitenden Sätzen begonnen: „Frau Müller sagt ...", „Herr Maier findet ...". Besonders geeignet sind diese Protokolle bei Sitzungen, wo eine Beweiskraft notwendig ist. Verlaufsprotokolle kommen daher oft bei Konferenzen, Aufsichtsratssitzungen oder Arbeitssitzungen zum Einsatz.

**Ergebnisprotokoll**

Beim Ergebnisprotokoll geht es nicht darum, den Verlauf einer Sitzung wiederzugeben, sondern, die Ergebnisse aus dieser festzuhalten. Redebeiträge werden hier nicht aufgeschrieben, sondern nur zusammenfassend als Ergebnis dargestellt. Diese Form des Protokolls ist in Mitarbeiter- und Arbeitsbesprechungen sehr beliebt, da Termine, Beschlüsse und To-do´s stichwortartig niedergeschrieben werden.

**Kurzprotokoll**

Das Kurzprotokoll ist etwas ausführlicher als das Ergebnisprotokoll. Hier werden Ergebnisse aus Besprechungen, deren Beschlüsse und die Zuteilung von Aufgaben und Terminen komprimiert am Ende des Protokolls zusammengefasst. Auch bei diesem Protokoll werden die Redebeiträge keinem Sprecher zugeordnet.

Des Weiteren gibt es noch das Gedächtnisprotokoll, welche eine spontane Form des Schreibens darstellt. Diese kommt zum Einsatz, wenn man nach einer Sitzung beschließt, das Gesagte schriftlich festzuhalten. Diese

Form hat aber kaum Beweiskraft, da man sich im Nachhinein nicht an alle Details entsinnen kann, und ist deshalb sehr fehleranfällig.

Das Wortprotokoll kommt kaum noch im Office im Einsatz. Diese Form des Protokolls findet man bei parlamentarischen Sitzungen oder bei gerichtlichen Verhandlungen. Immer dann, wenn das Gesagte bis zum letzten Wort von Interesse ist. Hier muss wahrlich alles Wort für Wort niedergeschrieben werden, sogar Zwischenrufe oder Beifall sind von Bedeutung. Es darf nichts weggelassen werden. Nur am Stil darf man verbessern, damit sich das Protokoll grammatikalisch schöner liest.

### Die richtige Protokollart wählen

Wenn Sie keine Vorgabe erhalten, welches Protokoll geschrieben werden soll, dann ist es für Sie wichtig, falls Sie die Aufgabe des Protokollanten übernehmen, die richtige Protokollart für die Sitzung selbst zu wählen. Konzentrieren Sie sich auf Ihre Adressaten und deren Erwartungen aus der Sitzung.

Wenn ich im Office höre „Schreiben Sie mal eben schnell ein Protokoll!", habe ich manchmal den Eindruck, dass vielen nicht bewusst ist, dass das Protokoll-Schreiben eine sehr bedeutende und auch schwierige Aufgabe ist, die sehr viel Training und Übung erfordert. Es gibt viele Dinge, auf die man achten muss, angefangen von der Vorbereitung, über die Mitschrift bis hin zur Ausarbeitung.

### Anforderungen an den Protokollanten

Die Anforderungen, die an Sie als Protokollant gestellt werden bzw. die Fähigkeiten, die dabei benötigt werden, sind umfangreich. Zum einem gibt es einige persönliche als auch fachliche Eigenschaften, die es beim Protokollieren zu beachten gilt.

**Neutralität und gutes Urteilsvermögen**

Zu den persönlichen Fähigkeiten zählen sowohl Neutralität, die Fähigkeit das Wichtige vom Unwichtigen zu unterscheiden, als auch stete Aufmerksamkeit. Das heißt Sie dürfen in Protokollen nicht Ihre eigene Meinung wiedergeben. Ebenso dürfen Sie Aussagen von Sympathieträgern nicht bevorzugen und die Sätze von unsympathischen Kollegen einfach auslassen. Es bedarf Verständnis über den Inhalt der Besprechung, aber auch eigenes Interesse an dem Thema, um ein gutes Urteilsvermögen zur Unterscheidung von Wichtigem und Unwichtigem zu erlangen.

**Konzentration**

Die eigene Konzentration sollte während des Protokollierens immer gewährleistet sein. Sie sollten sich nicht von Dingen oder Menschen oder auch ihren eigenen Gedanken während der Sitzung ablenken lassen. Wichtig ist, dass Sie den roten Faden behalten und immer am Ball bleiben. Um stets konzentriert sein zu können, sollten Sie keine weiteren Aufgaben übernehmen. Flipcharts beschriften oder Gäste bewirten sollte jemand anderes machen. Sie sollten sich nur auf ihre Aufgabe als Protokollant konzentrieren.

Damit Sie während der Sitzung aufmerksam bleiben, ist es auch wichtig, dass Sie sich in Gedanken auf das Protokollieren vorbereiten. Das heißt für Sie, dass Sie abends rechtzeitig ins Bett gehen, ausreichend trinken und essen (aber bitte nicht fettig zu Mittag – das könnte zum Leistungsabfall führen) und sich genügend Zeit für die Vorbereitung nehmen.

**Fachliche Kompetenzen**

Was die fachlichen Voraussetzungen anbetrifft, so sollten Sie sich schon mit der gängigen Rechtschreibregelung auskennen und in der Lage sein, in einfachen, verständnisvollen Sätzen zu schreiben. Sie werden sicherlich bemerkt haben, dass es viele Redner in Sitzungen gibt, die gerne mit verschachtelten Sätzen und vielen Fremdwörtern daherkommen. Wichtig ist, dass Sie das Gesagte verstehen und in einer verständlichen Ausdrucksweise wiedergeben. Das erfordert zusätzlich noch das Talent, schnell zu schreiben. Es macht Sinn, seine Schreibgeschwindigkeit durch den Einsatz von Abkürzungen und Symbolen oder das Weglassen von Endsilben zu erhöhen. Das bedarf natürlich einiger Übung und vorheriger gründlicher Vorbereitung. Womit wir beim Thema „Kenntnisse über den Inhalt" der Sitzung wären.

Kenntnisse über die gängigen Fachbegriffe oder auch Themeninhalte sind unerlässlich, um ein gutes Protokoll zu schreiben. Wenn Sie neu in der Abteilung sind, nehmen Sie die alten Protokolle zur Hand und markieren Sie sich wichtige Fachbegriffe. Recherchieren Sie im Netz oder fragen Sie unbedingt bei Kollegen über die Bedeutung nach. Das wirkt nicht nur kompetent, sondern zeigt auch Ihr persönliches Interesse an der professionellen Ausführung der Aufgabe.

**Informationen beschaffen**

Zunächst einmal sollten Sie sich folgende Fragen stellen: Wer nimmt an der Besprechung teil? Wann und wo findet die Besprechung statt? Warum findet die Sitzung statt? Soll ein Beschluss gefasst werden, sollen Zwischenergebnisse festgehalten oder Lösungen präsentiert werden? Welche Tagesordnungspunkte sollen besprochen werden? Denken Sie daran: keine Sitzung ohne Agenda. Fragen Sie ruhig vorher bei den Teilnehmern die Themenwünsche und die Länge des Beitrags ab.

Es wird immer wieder passieren, dass Sie nicht auf dem gleichen Wissensstand wie die übrigen Teilnehmer sind.

Sie sollten versuchen, sich im Vorfeld mit dem Thema auseinanderzusetzen. Nur wenn Sie verstehen, worüber in der Sitzung gesprochen wird, werden Sie auch in der Lage sein, das Wichtigste herauszufiltern. Meistens ist es so, dass Sie als Protokollführerin nicht immer alle Teilnehmer kennen. Besorgen Sie sich Informationen über die Teilnehmer, deren Funktion und Aufgabengebiete. Auch ein Sitzplan kann bei der Erstellung des Protokolls sehr hilfreich sein. Erstellen Sie ihn direkt, wenn alle Teilnehmer Platz genommen haben. Sie können dann jedem ein Kürzel (Buchstabe oder Zahl) zuordnen. Beim Protokollieren benutzen Sie nur noch die Abkürzung und verlieren keine Zeit mit der Namenszuordnung.

**Arbeitsmaterialien**
So banal das klingt, aber die Auswahl der richtigen Arbeitswerkzeuge hilft Ihnen, um eine gute Mitschrift zu erstellen. Bringen Sie ausreichend Papier mit zur Sitzung. Meine Empfehlung geht hier zu liniertes oder kariertes Papier. Nummerieren Sie die Blätter durch und beschreiben Sie das Papier nur einseitig. Nutzen Sie ruhig für jedes Thema ein neues Blatt. Lassen Sie einen breiten Rand, um dort Ergänzungen zu notieren. Benutzen Sie ein Extrablatt für etwaige Fragen. Es macht auch Sinn, direkt in einem vorgefertigten Protokollbogen zu schreiben. Mehrfarbige Kugelschreiber sind hilfreich, um direkt die unterschiedlichen Aussagen der Teilnehmer hervorzuheben oder die Argumente in Pro und Kontra zu trennen. So verschaffen Sie sich einen schnellen Überblick. Denken Sie auch an Ersatzstifte, falls ihr Kugelschreiber nicht mehr funktioniert. Schreiben Sie mit Bleistift, sollten Sie Anspitzer und Radiergummi dabeihaben. Wenn Sie alles gleich direkt in Ihren Laptop eingeben, überprüfen Sie die Funktion und denken Sie an Ihr Netzteil und an die Mehrfachsteckdose. Ihr Handy oder Fotoapparat könnte

hilfreich sein, um Aufzeichnungen, die auf Flipcharts geschrieben werden, festzuhalten. Die präzise Mitschrift ist das wichtigste Arbeitsmittel, um das Protokoll anzufertigen.

**Worauf kommt es bei der Mitschrift an?**

Sie kennen das sicherlich: Kaum sitzen Sie in der Besprechung und die ersten Störungen treten auf. Unter diesen schwierigen Bedingungen ist es nicht einfach, ein gutes Protokoll zu schreiben. Machen Sie sich dieser Störfaktoren ruhig bewusst, damit Sie im Umgang mit ihnen eine eigene Taktik entwickeln können. Mögliche Störfaktoren könnten sein: Unterbrechungen durch zu spät kommende Teilnehmer oder Redner, die die Redezeit überschreiten oder vom Thema abschweifen. Zudem kann es vorkommen, dass die Abfolge der Themen nicht eingehalten wird. Teilt der Redner sich in verschachtelten Sätzen mit vielen Fremd- und Fachwörtern mit, wird es für den Protokollanten schwierig, sich auf die Kernaussage zu fokussieren.

Versuchen Sie erst zuzuhören und nicht direkt draufloszuschreiben. Was wurde wirklich zum Thema gesagt? Was hat der Redner für eine Aussage getroffen? Geht es um eine Info, eine Frage, einen Vorschlag? Gibt es eine Aufgabe hinter der Aussage? Wichtig ist: Haken Sie nach! Scheuen Sie sich nicht, konkret nachzufragen, wenn Sie etwas nicht verstanden haben. Denn schließlich sind Sie für den Inhalt des Protokolls mitverantwortlich.

Nach der Sitzung fangen Sie am besten sofort mit der Ausarbeitung des Protokolls an. Da sind Ihre Gedanken noch frisch beim Thema. Optimalerweise sortieren Sie Ihre Mitschrift und prüfen, ob Sie alle wichtigen Informationen aufgeschrieben haben. Es ist hilfreich den einzelnen Themen eine Struktur zu geben. So können Sie den zeitlichen Ablauf innerhalb der Sitzung besser dokumentieren. Sollten sich beim Sortieren noch offene Fragen ergeben, können Sie sich jetzt die fehlenden Informationen beschaffen. Dann erst starten Sie mit der Ausformulierung der einzelnen Punkte. Versuchen Sie beim Formulieren immer unterschiedliche Einführungsworte zu benutzen, so ist Ihr Protokoll leichter zu lesen.

**Die Protokollsprache – was ist zu beachten?**
Ganz kurz ein kleiner Exkurs in die Protokollsprache. Hier gibt es einige wichtige Regeln zu beachten. Insbesondere, wann welches Tempus benutzt wird. Zum einen: Das Protokoll wird immer im Präsens geschrieben. Dadurch wird dem Leser das Gefühl gegeben, an der Sitzung teilgenommen zu haben. Beim Schreiben von Aussagen der Redner gilt immer die indirekte Rede. Bei der Bildung der indirekten Rede wird der Konjunktiv I verwendet. Sollte der Indikativ und der Konjunktiv I die gleiche Form haben, benutzt man den Konjunktiv II. Die einzige Ausnahme gilt beim Wortprotokoll. Hier wird in der direkten Rede im Indikativ geschrieben. Bei den anderen Protokollarten wird die direkte Rede nur bei der Wiedergabe von Beschlüssen genutzt. Ansonsten gelten die allgemeinen Rechtschreibregeln. Achten Sie auf kurze Formulierungen und verzichten Sie auf Füllwörter. Streichen Sie überflüssige Vorsilben und Adjektive.

**Nutzen Sie OneNote für Ihre Protokolle**
**OneNote** eignet sich auch hervorragend dafür, Ihre Protokolle zu verwalten. Legen Sie für Ihre einzelnen Besprechungen Notizbücher an (z. B. Team-Meeting, BL-Meeting, GF-Meeting, Vorstandssitzung etc.). Wichtig ist, dass Sie für Ihr jeweiliges Notizbuch einen passenden Speicherort auswählen. Arbeiten Sie mit einem verteilten Team, dann macht es Sinn, das Notizbuch auf einem Exchange-Server, Ihrem SharePoint-Server oder in

OneDrive abzulegen. Wenn Sie unsicher sind, fragen Sie ruhig bei der IT nach, wo Sie Ihr digitales Besprechungsnotizbuch ablegen können. Es muss ein Ort sein, wo sich Ihre Daten synchronisieren. Arbeiten Sie an einem Standort, so reicht auch, wenn das Notizbuch auf einem gemeinsam genutzten Laufwerk abgespeichert wird, wo alle Beteiligten darauf zugreifen können.

Das Besprechungsnotizbuch können Sie so anlegen, dass die einzelnen Abschnitte, die jeweiligen Meetings wiedergeben. Unter dem Abschnitt „Heutiges Datum" können Sie dann Ihr Meeting-Protokoll verfassen. Noch übersichtlicher ist es, wenn Sie aus Ihrem Terminkalender im Outlook direkt ein Besprechungsprotokoll erstellen. Hierfür klicken Sie aus Ihrem Outlook-Termin mit der rechten Maustaste auf „OneNote/Besprechungsnotiz erstellen". Somit übernimmt OneNote automatisch die Kopfdaten (Datum, Uhrzeit, Teilnehmer, Betreff, etc.) in das Protokoll. In OneNote erstellen Sie nun Ihre Besprechungsnotiz oder das Protokoll und können dann, ganz einfach mit einem Mausklick, die To-Dos, die sich aus den Protokollen ergeben, markieren. Die Aufgaben wandern automatisch in Ihre Outlook-Aufgabenliste und können dann auch einzelnen Personen zugewiesen werden.

Wenn dann eine Aufgabe aus der Outlook-Aufgabenliste als erledigt markiert wird, erscheint automatisch ein kleiner grüner Haken bei der Aufgabe in OneNote. Einfacher geht es kaum, die erledigten To-Dos nachzuhalten. Sie brauchen keine mühsam erstellen Excel-Listen mehr pflegen und Ihren Kollegen nachzutelefonieren, um zu prüfen, ob eine Aufgaben aus dem Protokoll erledigt worden ist. Alle sehen den Bearbeitungsstand der Aufgabe im Protokoll und sind auf dem gleichen Stand.

Zuletzt sei noch anzumerken, dass Sie in Ihrer Aufgabe in Outlook, immer einen Link zu dem jeweiligen Notizbuch in OneNote besitzen. So können Sie auch mit nur einem Klick nachvollziehen, zu welchem Termin die Besprechungsnotiz gehört hat, auch noch Wochen, Monate oder Jahre.

**Rechtliche Gesichtspunkte**
Rechtskräftig ist das Protokoll, wenn innerhalb eines bestimmten Zeitraums nach Erstellung kein Widerspruch durch die Teilnehmer erfolgt oder wenn in der nächsten Sitzung das Protokoll von allen Teilnehmern angenommen wird. Die Anerkennung sollte ebenfalls im Protokoll vermerkt sein. Ein wichtiger Hinweis noch zum Schluss: Sollten Sie die Sitzung aufnehmen wollen, so müssen alle Teilnehmer mit der Aufnahme einverstanden sein und der Einsatz sollte im Protokoll vermerkt sein. Ansonsten darf ein Aufnahmegerät nicht verwendet werden.

Das Protokoll sollte objektiv und unparteilich geschrieben sein und folgende Bestandteile enthalten: Datum, Ort, Uhrzeit, Teilnehmer, Anträge, Ergebnisse und Abstimmungen sowie Name und Unterschrift des Protokollanten als auch vom Vorsitzenden. Nach Unterschrift der beiden letzteren darf das Protokoll nicht mehr inhaltlich verändert werden. Es dürfen nur noch Schreibkorrekturen vorgenommen werden. Die einzige Ausnahme stellen Wortprotokolle dar. Der Sitzungsvorsitzende trägt die Verantwortung für die Richtigkeit. Er kann Fehler im Text korrigieren, ohne die anderen Teilnehmer mit einzubeziehen. Aber er allein trägt dann die Verantwortung, sollten anderen Nachteile dadurch entstehen.

**Digitale Notizen – der Ersatz für Ihre handschriftlichen Notizen?**
Alternativ zu OneNote können natürlich auch andere Tools genutzt werden. Derzeit gibt es zahlreiche Notiz-Apps auf dem Markt, die sich bewährt haben. Welche man schlussendlich nutzt, ist sicherlich eine Frage des

eigenen Geschmacks. Ich selbst habe gute Erfahrungen mit der App „Goodnotes" gemacht. Leider ist die App nicht kostenlos, aber für einen Preis zwischen 0,99 € und 8,00 € je nach Version schon zu haben. Mit Goodnotes kann man nicht nur handschriftlichen Notizen und Zeichnungen erstellen, sondern diese auch direkt in Computersprache umwandeln. Die gefertigten Notizen können als PDF exportiert und mit Markierungen und Anmerkungen versehen werden. Die gängigen Cloud-Systeme für die Synchronisation der Daten (Dropbox, Google Drive, OneDrive etc.) können problemlos genutzt werden. https://www.goodnotes.com/.

**Rocketbook**

Gehören Sie auch zu den Menschen, die gerne immer noch mit der Hand schreiben, anstatt zu tippen und trotzdem gerne auf Papier verzichten möchten? Auch für diese Spezies gibt es mittlerweile großartige und kostengünstige Lösungen auf dem Markt. Rocketbook ist eine davon: ein endlos wiederverwendbares digitales Notizbuch. Das Schöne an Rocketbook ist, dass es ein nachhaltiges Notizbuch ist. Es gibt keine Papierverschwendung mehr, da es endlos immer wieder verwendet werden kann. Zum Lieferumfang gehört ein Tuch, mit welchem problemlos Ihre Skizzen und Notizen abgewischt werden können. Jedes Buch enthält ebenfalls einen FriXion-Stift, mit dem man auf den verschiedenen Seiten seine Notizen, Aufgaben, Ideen niederschreiben kann. Zu Rocketbook gibt es auch eine dazugehörige App, die man im App-Store runterladen kann. Mit der App können die Seiten im Buch abfotografiert und in verschiedenen Formaten abgespeichert werden.
https://getrocketbook.co.uk/products/everlast-rocketbook.

**Moleskine Smart Writing Set**

Wer auf ein klassisches Stift- und Papiererlebnis nicht verzichten möchte, der sollte sich unbedingt einmal das Smart Writing Set von Moleskine anschauen. Ein analoges Notizbuch mit Stift, das dennoch für das digitale Zeitalter konzipiert wurde. Wie funktioniert das Ganze? Analoge und digitale Welt verschmelzen immer mehr zusammen. Ein großartiges Beispiel dafür ist das Moleskine Smart Writing Set. Hier werden handschriftliche Notizen wie von Zauberhand digitalisiert. Auf den 1. Blick unterscheidet sich das smarte Notizbuch kaum von seinen traditionellen Artgenossen. Neben den Seiten aus Papier, gleicht auch der für Moleskine-Notizbücher charakteristische Gummiband der analogen Version. Erst auf den 2. Blick merkt man, dass es sich hier um ein Hightech Gadget handelt. Das Schreibset umfasst neben dem Notizbuch auch einen Moleskin Pen Plus. Durch das spezielle Punktmuster auf dem Papier erkennt die im smarten Eingabestift versteckte Kamera, die exakte Schreibposition. Macht man eine Notiz, wird diese vom Moleskine Pen Plus aufgezeichnet und gespeichert. Auch längere Texte und Zeichnungen werden erkannt. Die schwarze Stiftmine kann ausgetauscht werden und auf Wunsch gegen andere Farben getauscht werden. Aufgeladen wird der Stift über ein Mikro-USB-Kabel. Vollgeladen hält der Akku bis zu 6 Stunden lang. Über Bluetooth werden die Eingaben dann über die zugehörige Moleskine-Notes-App auf Smartphone oder Tablet übertragen. Ist die App während des Schreibens geöffnet, wird der Text in Echtzeit auf dem Display sichtbar und kann dann auf dem Gerät auf verschiedene Weise formatiert werden. Es ist aber auch möglich, bis zu 1000 Seiten auf dem Stift zu speichern und nachträglich zu übertragen. Die digitale Schrifterkennung der App wandelt die eigene Handschrift in Computertext um, der dann weiterbearbeitet werden kann. Die Kosten für ein smartes Notizbuch liegen derzeit bei ca. 190 Euro. Ist das Notizbuch voll, muss ein neues angeschafft werden.

Fazit: Die Moleskine Notes-App überträgt nahtlos Wörter und Zeichnungen in Echtzeit von der Seite auf den Bildschirm und gibt Ihnen die Möglichkeit, Text zu digitalisieren, zu bearbeiten, zu organisieren und zu teilen und Ihre Inhalte zum Leben zu erwecken.

### Einsatz professioneller Meeting-Boards

In einigen Unternehmen werden Sitzungen über professionelle Board-Portale abgehalten. Das ist die High Class des Sitzungsmanagements und der Protokollführung. Board-Portale bieten zahlreiche Funktionen, u. a. den Zugriff auf die Sitzungsunterlagen, archivierte Protokolle und    relevante Unterlagen.    Hierzu gehören u. a. sichere Dokumentbibliotheken, die das sichere Speichern und Abrufen von Unterlagen ermöglichen. Vorlagen erleichtern die Protokollerfassung durch definierte Strukturen und übersichtliche Layouts.

Board-Portal-Technologie, wie beispielsweise Diligent Boards (Quelle: Diligent Boards) oder Meeting Booster (https://www.meetingbooster.com/), sind inzwischen für viele Führungsgremien zur Normalität geworden. Das bedeutet, dass die Organisatoren bereits alle Details zur Sitzung in die von ihnen verwendete Plattform eingeben. Die Organisatoren der Sitzung müssen die Informationen nicht länger in separaten Dokumenten zur Protokollführung kopieren. Stattdessen können sie ihre Protokolle in ein sicheres Board-Portal importieren, einschließlich einer Teilnehmerliste und der Tagesordnung der Sitzung. Protokollführer können sich dann während der Sitzung innerhalb des Board-Portals Notizen machen, die auf bestimmte Punkte der Tagesordnung verweisen. Nach der Sitzung können Sie Ihre Notizen im Protokoll sortieren

und mit den einzelnen Tagesordnungspunkten verknüpfen, Aktionen zuweisen und die Notizen über das
Board-Portal sicher verteilen.

Mit professioneller Meeting-Protokollsoftware können
bei jeder Besprechung viele Stunden gespart werden,
indem in einem Programm gearbeitet wird, anstatt
zwischen verschiedenen Programmen hin und her zu
wechseln.

Ich hoffe, mithilfe dieser Tipps und Empfehlungen fällt
Ihnen das Protokollschreiben in Zukunft deutlich leichter
und vielleicht ist es ja auch bald gar keine „lästige Pflicht"
mehr, sondern fängt sogar an, Ihnen Spaß zu machen!

**Fazit für Ihre Protokollorganisation:**

- Die einfache Version: Für das Protokoll (was, wer, bis
  wann) kann einmalig eine Vorlage in OneNote erstellt
  werden. Für Regelbesprechungen wird in einem
  gemeinsamen Notizbuch rechtzeitig eine neue Seite mit
  der Agenda angelegt. Dann kann im Vorfeld jeder der
  Teilnehmer seine Themen eintragen und der Chef hat
  jederzeit einen guten Überblick.
- Eine gute Vorbereitung ist das A und O. Wenn Sie
  keine Vorgaben haben, welches Protokoll geschrieben
  werden soll, dann entscheiden Sie selbst, welchen
  Zweck das Protokoll erfüllen soll: Sind Ergebnisse
  wichtig oder muss der Verlauf der Sitzung nachvoll-
  zogen werden?
- Bereiten Sie Ihre Arbeitsmaterialien gut vor, egal ob Sie
  das Protokoll digital oder analog verfassen.
- Notieren Sie die Namen der Gesprächsteilnehmer und
  dessen Kernaussage.
- Tragen Sie Fristen und Termine ein.
- Fragen Sie unbedingt nach, wenn es zu schnell geht
  bzw. Sie nichts verstanden haben.

- Nummerierungen helfen beim Strukturieren.
- Achten Sie auf vollständige Angaben im Protollkopf.
- Prüfen Sie das Protokoll darauf, ob der rote Faden durchgezogen wurde.
- Prüfen Sie die Vollständigkeit: Sind alle wichtigen Informationen enthalten?
- Die professionelle Version: Nutzen Sie professionelle Meeting-Protokollsoftware, wenn Sie eine einheitliche Handhabung und täglich viele Protokolle schreiben müssen.

# 5

## Organisation 5: Mit Mind-Mapping kreative Problemlösungen schaffen

Was ist eigentlich eine Mind-Mapping? Mind-Mapping ist eine effektive Technik, eine Gedankenlandkarte bzw. eine Zusammenstellung von verschiedenen Gedanken, mit der Sie Ihre Gedanken festhalten und für andere sichtbar machen können. Darüber hinaus fördert Mind-Mapping den freien Fluss von Ideen und ist somit das ideale Format für Brainstorming und kreative Problemlösungen. Egal wie komplex oder breit ein Thema auch ist, eine Mindmap bringt Ordnung in das Chaos und hilft Ihnen, das „große Ganze" zu sehen.

Das Konzept der Mindmaps wurde bereits in den 1970er-Jahren populär. Diese Technik wurde ursprünglich von Tony Buzan entwickelt, einem englischen Autor, Redner und Trainer zu den Themen Bildung, Lernen und Kreativität. Er selbst wurde bekannt durch die Prägung des Begriffs Mindmap und die Verbreitung ebendieser Methode.

© Springer Fachmedien Wiesbaden GmbH, ein Teil von Springer Nature 2020
E. Romanic, *Geheimwaffe: Assistenz II,*
https://doi.org/10.1007/978-3-658-29920-0_5

**Abb. 5.1**  (Quelle: Bitmoji)

Diese Kreativitätsmethode aktiviert beide Gehirnhälften gleichzeitig und regt somit kreatives und logisches Denken an. Denn Mindmaps verwenden Bilder und Keywords, um neue Assoziationen in Ihrem Gehirn zu schaffen, die Sie noch dazu schnell und effizient niederschreiben können.

Dadurch das Mindmaps zum großen Teil aus Bildern, Farben und Wörtern bestehen, kann sich das Gehirn viel einfacher das große Ganze einprägen. Verknüpfungen zu neuen Informationen fallen einem leichter.

Für die Zusammenarbeit im Team, ist das Mind-Mapping eine großartige Sache. Während traditionelle Papier-Mindmaps ideal für die Entwicklung eigener Ideen geeignet sind, ermöglichen Online-Mindmaps das Brainstorming mit anderen Personen und das gemeinsame Planen in Echtzeit, unabhängig davon, wo sich die Brainstorming-Teilnehmer befinden oder welches Endgerät im Einsatz ist.

# 5.1   Wie geht man das Thema Mind-Mapping an?

Ich möchte Ihnen das Mind-Mapping am Beispiel einer neuen Ablagestruktur aufzeigen. Das Thema Ablage wird in den meisten Büros eher stiefmütterlich behandelt. Es werden Unterlagen gesammelt, auf Schreibtischen, Fensterbänken oder sogar auf dem Boden gelagert. Ich selbst habe mich lange gewehrt, anzuerkennen, dass eine gute Ablage die Basis einer guten Organisation ist.

**Das Genie beherrscht das Chaos**
Nie werde ich vergessen, als ich von 19 Jahren als junge frisch gebackene Managementassistentin, das erste Mal mit einem sehr strukturierten Chef zusammenarbeiten durfte, der selbst sehr viel Wert auf ordentliches Arbeiten und eine vernünftige Ablage gelegt hat. Mein Credo war damals: Das Genie beherrscht das Chaos. Und so sah es auch in meinem Büro aus. Man wollte ja zeigen, dass man etwas zu tun hatte. Auf dem Schreibtisch stapelten sich jede Menge Dokumente, Wiedervorlagemappen, Ablagekörbchen mit diversen Unterlagen und jede Menge Mappen. Mit der Organisation der Ablage hatte ich es nicht so.

In meinem Büro war ich Herrin eines riesengroßen Ablageschrankes, der sich von einer Wand zur nächsten erstreckte. Aufgrund meines kreativen Chaos thronten in diesem mächtigen Wandschrank nur wenige Ordner. Als mein Chef eines Morgens den Schrank öffnete, weil er etwas aus der Ablage brauchte, war er sehr erstaunt über die wenigen Ordner. Auf die Frage, nach welcher Struktur ich denn ablegen würde, war meine Antwort darauf: Nehmen Sie einfach einen Ordner aus dem Schrank, blättern Sie um und sie werden alles chronologisch abgelegt finden. Doch das war leider die falsche Antwort. Meinem divenhaften Chef ist fast die Nickelbrille von der Nase gefallen und er zweifelte an der Ernsthaftigkeit meiner Aussage.

Gut, das ist jetzt auch schon einige Jahre her ... Ich war jung und unerfahren. Vielleicht war das aber auch eine Schlüsselsituation, um zu erkennen, dass eventuell eine durchdachte Ordnerstruktur dabei helfen könnte, effizienter zu arbeiten und Unterlagen schneller zu finden, wenn man weiß, wo man was abgelegt hat. Es sollte nicht mein Wille sein, der mich damals daran gehindert hat, organisierter zu sein, sondern eher meine Unwissenheit: Wie mit den Dingen umgehen und wohin mit den Dingen?

### Ein Aktenplan muss her

Das hat mich dazu veranlasst, mich mit dem Thema Ablage auseinanderzusetzen und dazuzulernen, um es in Zukunft besser zu machen. Dateien ohne Ordnung abzulegen, hat nur Nachteile. Chef und Team werden immer Schwierigkeiten haben, Dateien zu finden. Zunächst einmal habe ich erkannt, dass es wichtig war, eine Struktur zu entwickeln, die als Basis für die Ablage zwischen mir und meinem Chef und Team dienen sollte. Damals ging es hauptsächlich um die Papierablage, heute beschäftige ich mich mehr mit der digitalen Struktur – wobei das Grundprinzip der Ablage identisch ist. Ein Aktenplan musste entwickelt werden. Dabei erwies sich die Mindmap-Methode als äußerst hilfreich.

Die Idee ist, dass man ein Thema, ein Schlagwort, über das man Informationen abrufen möchte, in der Mitte eines Blattes notiert, z. B. „Kunden". Danach finden Sie Unterthemen, z. B. „Handelskunden", „Industriekunden", zum Schlagwort und verbinden diese mit dem Hauptthema. Jedes Unterthema kann wiederum mit einem weiteren Schlüsselwort verzweigt werden. So erkennt man schnell, wie die einzelnen Themen miteinander in Verbindung stehen.

**Ablage ist Teamarbeit**
Mit dieser Methode kann man zunächst eine bildhafte Struktur erstellen. Machen Sie sich am besten im Team Gedanken, welche Kategorien anfallen; erfassen Sie alle Begriffe, zu denen Sie ablegen wollen, in der Mindmap. Wichtig ist, dass Sie zweckmäßige Hauptgruppen festlegen und diese dann in Untergruppen gliedern.

Erstellen Sie dann auf Ihrem Laufwerk eine identische Struktur für Ihre Dokumente. Sinnvoll ist es, den Aktenplan mit Ihrem Team/Chef zusammen zu entwickeln. So kann jeder seine eigenen Ideen mit einbringen und es wird nichts vergessen. Noch besser: So wird jeder direkt abgeholt und hat auch die Motivation, die neue Struktur mit zu übernehmen. Denken Sie auch daran, eine Registratur ist eine individuelle Angelegenheit. Es gibt nicht die perfekte Ablage. Die Ablage erfolgt immer wieder individuell nach Ihren Strukturen im Unternehmen. Fragen Sie sich, wie Sie die Dokumente ablegen wollen: alphabetisch, nummerisch oder nach bestimmten Gruppen.

**Digital und in Papierform gleich**
Wenn Sie einen Aktenplan entwickeln, dann sollte dieser in Papierform genauso wie digital aufgebaut sein. Bei der Umsetzung vom alten ins neue System empfehle ich Ihnen, einen bestimmten Stichtag auszusuchen. Es macht wenig Sinn, das gesamte alte Ablagegut in das neue System hineinzupressen. Schnell werden die Kollegen demotiviert und es schleichen sich die gleichen Ablagefehler ein wie zuvor.

Am besten ist, Sie verabreden mit Ihrem Team/Chef gemeinsam ein Datum, ab wann nach dem neuen System abgelegt werden soll. Die Dokumente des alten Systems verschieben Sie am Besten in einen Ordner „Archiv". Wenn Sie dann an den Dokumenten arbeiten, sich diese wiedervorlegen, wandern die Unterlagen automatisch in die neue Ablagestruktur. Nach einem halben Jahr sollte die neue Struktur etabliert sein. Die Unterlagen, die dann kein einziges Mal neu angefasst wurden, können getrost im Archiv bleiben.

Nun gut, die Ablage ist auch heute noch nicht unbedingt mein Lieblingsthema, aber sie ist die Voraussetzung für kollaboratives Arbeiten. Gerade in heutigen Zeiten, wo Mobilität eine besonders große Rolle spielt, ist eine funktionierende Ablage im Team aus meiner Sicht das A und O.

Für einen Chef, der oft unterwegs ist, ist die Ablage ein wichtiger Punkt in der virtuellen Zusammenarbeit.

Eine gut durchdachte und strukturierte Ablage gewährleistet, dass man schnell gemeinsame Dateien ablegen und austauschen kann. Ein Klick und Sie und Ihr Chef können in Echtzeit und ohne lange Suchzeiten auf die gemeinsam genutzten Dokumente zugreifen. Je nach Unternehmen und Unternehmensgröße haben Sie die Möglichkeit, mit verschiedenen Cloud-Speicher-Systemen zu arbeiten: Sie können z. B. mit Ihrem Chef oder Team die kostenlose Dropbox benutzen, um Dateien auszutauschen und abzulegen. Das funktioniert relativ einfach. Auf der Webseite www.dropbox.de können Sie das Programm direkt herunterladen und auf Ihrem PC installieren. Es steht Ihnen dann 2 Gigabyte kostenloser Online-Speicherplatz zur Verfügung. Sie können direkt über den Dateiexplorer Ihres Rechners auf Ihre Dropbox zugreifen. Die Dropbox ist auch als App verfügbar. Sie können diese für sich und ihr Team auch auf Ihrem

Smartphone installieren und von unterwegs auf Ihre Unterlagen zugreifen. Möchten Sie bestimmte Ordner teilen, so können Sie den entsprechenden Ordner mit Ihrem Chef oder Team teilen. Nur geteilte Ordner sind für Externe sichtbar.

Wenn Sie mehr Speicherplatz benötigen, können Sie diesen auch kostenpflichtig erwerben. Um die Synchronisation der Dateien kümmert sich Dropbox von allein.

Mit der Online-Ablage Ihrer wichtigsten Dokumente kommt auch die Frage nach der Datensicherheit auf. Gerade in Deutschland gibt es noch unzählige Vorbehalte gegenüber der Speicherung von Dokumenten in der Cloud.

**Datensicherheit**
Mit dem Hochladen von Dokumenten in die Cloud kommen auch immer im Unternehmen die Fragen der Datensicherheit auf. Das Risiko von Datenlecks und Hackerangriffen steigt stetig. Geschäftliche Daten laufen somit Gefahr, für Unbefugte frei zugänglich zu sein. Mit Boxcryptor z. B. können Sie Ihre Cloud-Inhalte direkt auf Ihren eigenen Geräten verschlüsseln. Das Programm ist für alle gängigen Cloud-Plattformen *(Alternativen zu Dropbox sind Google Drive, Microsoft OneDrive, Box oder Secure Safe)* verfügbar und schaltet sich vor den eigentlichen Online-Speicher. Das heißt: Bevor Ihre Datei in den eigentlichen Cloud-Speicher hochgeladen wird, legt sich das Programm, wie ein Tresor, um die Datei. Die Datei kann daraufhin nur von berechtigen Personen eingesehen werden. Das Programm funktioniert über Windows, Mac und iOS. Es ist leicht bedienbar und eignet sich sowohl für den Privat- als auch für den Geschäftsbereich für die zusätzliche Sicherheit in der Cloud. Boxcryptor wirbt mit „Made in Germany", was

für viele Unternehmen sicherlich auch ein Kriterium ist. Das Angebot beinhaltet für Privatpersonen eine kostenlose Cloud und die Nutzung von 2 Geräten. Boxcryptor Company und Enterprise schützen Unternehmensdaten in der Cloud.

*Weitere Informationen unter:* www.boxcryptor.de.

Die Auswahl an Cloud-Speichern ist groß. Die Möglichkeit, auch mehrere Cloud-Speicher gleichzeitig zu nutzen, ist gegeben. In vielen Unternehmen ist Dropbox, trotz seiner strengen Datenschutzrichtlinien, verpönt. Man nutzt meist die Online-Speicher von Microsoft wie OneDrive oder SharePoint. Das gleichzeitige Arbeiten an Dokumenten, das Arbeiten von verschiedenen Geräten und Orten oder auch die automatische Versionsnachverfolgung in SharePoint sowie die Benachrichtigungsfunktionen erfreuen sich großer Beliebtheit.

**Mind-Mapping geht auch digital**

Nicht nur für die Entwicklung einer gemeinsamen Ablagestruktur ist mit Mind-Mapping hilfreich. Auch für das gemeinsame Brainstormen, das Erstellen von Notizen, das Vorbereiten von Präsentationen oder auch das Planen von Projekten ist diese Technik geeignet. Die digitalen Mindmaps lassen sich schnell und einfach mit Kollegen teilen. Somit kann man in Echtzeit in OnlineMeetings kollaborieren. Ob Sie gemeinsam in einem Meeting-Raum sitzen oder tausende Kilometer voneinander entfernt sind, ist egal – jeder sieht sofort, an welcher Idee der andere gerade arbeitet. Zusätzlich können Sie über Ideen abstimmen, Kommentare hinterlassen und Änderungen direkt in dem integrierten Chat-Fenster besprechen.

Im Internet gibt es viele verschiedene Online-Tools, die die Problemlösung im Team fördern können. An dieser Stelle möchte ich Ihnen einige davon vorstellen:

MindMeister (www.mindmaster.com) ist ein Online-Mind-Mapping-Tool aus Deutschland, mit dem Sie Ideen visualisieren, ausarbeiten und mit anderen teilen können. MindMeister ist komplett webbasiert – Sie müssen also nichts downloaden oder updaten! Egal, ob Sie mit Windows, Mac OS oder Linux arbeiten, Sie können Ihre Mindmap immer direkt im Webbrowser Ihrer Wahl aufrufen.

Wisemapping: http://www.wisemapping.com/ WiseMapping ist Open-Source und kann selbst gehostet werden.

Mindomo: https://www.mindomo.com/de/ ist eine amerikanische Version, sollte zum Einsatz kommen, wenn Sie weltweit in englischer Sprache Mindmaps online erstellen möchten. Die Preisstaffelung liegt zwischen 6–17 $ pro Monat. Die Teilnehmerzahl ist leider begrenzt.

XMIND: Bietet Ihnen auf Englisch sowohl eine kostenfreie Version als auch eine Business-Pro-Version (79 € pro Monat). Mit der Pro-Version können Sie im Netzwerk zusammenarbeiten, die Mindmap präsentieren oder auch in Word, Excel oder PDF exportieren. https://www.xmind.net/.

## 5.2 Wie können Sie Mindmaps für Ihre Office-Arbeit nutzen

**Mit Mind-Mapping gemeinsame Projekte im Team planen**
MindMeister arbeitet Hand in Hand mit MeisterTask, dem intuitiven Projektmanagementtool, mit dem Teams online zusammenarbeiten können. Sobald Sie Ihre Brainstorming- und Planungsphase in MindMeister abgeschlossen haben, ziehen Sie Ihre Ideen einfach in ein Projekt in MeisterTask, wo sie sich automatisch in Aufgaben verwandeln.

**Mit Mind-Mapping gemeinsame Präsentationen im Team erarbeiten**

Mindmaps können auch in eine dynamische Slideshow umgewandelt werden und als Präsentation fungieren. Anschließend können Sie die Folien einzeln als Bilddateien exportieren, die Präsentation auf einer Webseite einbetten oder sie gleich live in einem Online Meeting mit Screensharing präsentieren.

# 6

# Organisation:
# Der Umgang mit dem
# Kommunikationsmedium-E-Mail

Im Jahr 1971 wurde die 1. E-Mail durch den New Yorker Informatiker Ray Tomlinson versandt. Genau 13 Jahre später empfingen die Menschen in Deutschland ihre 1. E-Mail. Heute nutzen rund 85 % Prozent der Deutschen die E-Mail als vorrangiges Kommunikationsmittel im beruflichen Kontext.

Auch der Trend der vermehrten Smartphone-Nutzung wirkt sich auf die E-Mail-Nutzung aus. So gaben bei einer Umfrage im Jahr 2018 rund 47 Prozent der Befragten an, regelmäßig mobil auf E-Mails zuzugreifen. (Quelle: Statista 2019).

Wir leben in einer Welt, in der Führungskräfte, Mitarbeiter und Assistentinnen jederzeit per PC und Smartphone erreichbar sind. Zu jeder Tages- oder Nachtzeit können Nachrichten empfangen und beantwortet werden. Wir befinden uns im ständigen Informationsaustausch. Vielen Vorgesetzten ist nicht bewusst, welches Potenzial in der Chefentlastung, durch das Bearbeiten und Vor-

© Springer Fachmedien Wiesbaden GmbH, ein Teil von Springer Nature 2020
E. Romanic, *Geheimwaffe: Assistenz II*,
https://doi.org/10.1007/978-3-658-29920-0_6

**Abb. 6.1**   (Quelle: Bitmoji)

sortieren von eingehenden Informationen durch die Assistenz erfolgt. Und umgekehrt: Viele Assistentinnen kennen das Potenzial ihres eigenen E-Mail-Programmes nicht. Noch wird in vielen Organisationen Outlook (Versionen Office 365 und Outlook 2019) eingesetzt. Erst langsam etablieren sich modernere Formen des Kommunikationsaustausches, wie z. B. mit Microsoft Teams, SharePoint, Yammer, Slack, Asana, Basecamp etc.

Das Unternehmen SofTrust hat im Mai 2016 in DACH eine telefonische Befragung durchgeführt. Sie konzentrierte sich darauf, welchen Stellenwert E-Mails grundsätzlich für Assistentinnen einnehmen und wie sich bei der Nutzung von E-Mails die Zusammenarbeit mit dem Vorgesetzten gestaltet.

Insgesamt floss der Input von 32 Sekretärinnen (direkt) und mehreren weiteren Interviewpartnern (indirekt) in die Studie ein.

Ergebnisse einer Umfrage von SofTrust Consulting im Jahr 2016 bei deutschen und österreichischen Unternehmen hat gezeigt, dass

- E-Mails für Assistentinnen mit Abstand das wichtigste Kommunikationsmittel sind. Kein anderes Medium reicht – laut 97 % aller Assistentinnen – annähernd an E-Mails heran,
- jede Assistentin im Durchschnitt 2,13 Postfächer sichtet,
- 3 von 10 Assistentinnen sichten einzig und allein ihre persönlichen E-Mails! Die Mehrheit hat überhaupt keinen Zugriff auf die E-Mails ihrer Vorgesetzten, verfügt also gar nicht über die Möglichkeit, diese zu unterstützen,
- täglich durchschnittlich 40 E-Mails im persönlichen E-Mail-Postfächern hereinkommen,
- Assistentinnen von männlichen Vorgesetzten 33 % mehr E-Mails als die Assistentinnen weiblicher Vorgesetzter erhalten,
- in jedem zusätzlich gesichteten Postfach täglich im Durchschnitt 82 E-Mails eingehen,
- Assistentinnen im Durchschnitt ca. 35 E-Mails pro Tag schreiben,
- Assistentinnen eine ihrer Hauptaufgaben in der Beobachtung des Posteingangs sehen,
- 63 % der Befragten beim Eintreffen neuer E-Mails immer ihre Arbeit unterbrechen, um diese sofort zu sichten,
- weitere 19 % ihren Posteingang öfters als 20-mal pro Tag sichten,
- auch jene Assistentinnen, die das Postfach der Vorgesetzten überhaupt nicht einsehen können, sich identisch verhalten,
- der Schulungsstand der Assistentinnen nach wie vor schlecht ist,
- 56 % der Befragten noch nie eine Schulung zu ihrem E-Mail-System erhielten, 78 % noch nie eine Schulung

darüber, wie E-Mails effektiv und professionell eingesetzt werden,

- nur 22 % aller Chefs ihre E-Mails von der Sekretärin vorsichten lassen. Weitere 25 % tun dies zumindest häufig. Über die Hälfte der Vorgesetzten verzichtet meistens (22 %) oder grundsätzlich (31 %) auf die Postsichtung durch das Sekretariat,

- 41 % aller Chefs ihren Sekretärinnen keine Handlung an ihrem Posteingang erlauben. Selbst einfachste Tätigkeiten, wie das Löschen von offensichtlichem Spam, lassen sie nicht von den Sekretärinnen vornehmen,

- es keine Bearbeitungsform gibt, die allen Sekretärinnen erlaubt ist. Jene Sekretärinnen, die im Posteingang der Vorgesetzten tätig sein dürfen, haben unterschiedliche Berechtigungen. „Selbstständiges Beantworten" ist 63 % von ihnen erlaubt, gefolgt von „Löschen" und „Weiterleiten" (je 58 %),

- Chefs überwiegend per Cc-Kopie in die Arbeit der Sekretärin eingebunden sind. Sofern Sekretärinnen für ihren Chef eigenständig E-Mails bearbeiten dürfen, informieren sie ihn über ergriffene Maßnahmen meist per Cc-Kopie (74 %),

- praktisch alle Vorgesetzten selbst tippen. Auch als Schreibkraft werden Sekretärinnen nur noch selten von ihren Vorgesetzten beschäftigt,

- 97 % der Führungskräfte „praktisch ständig" selbst tippen, weitere 16 % „oft". Männliche Vorgesetzte scheinen dabei noch mehr zu tippen als ihre weiblichen Kolleginnen,

- viele Assistentinnen schlecht in die E-Mail-Kommunikation ihrer Vorgesetzten eingebunden sind. Nahezu ein Viertel der Assistentinnen bekommt nicht mit, welche E-Mails ihre Chefs versenden. Immerhin 59 % erhalten von ihm Cc-Kopien wichtiger E-Mails.

**Gibt es Punkte aus der Studie, die auf Sie zutreffen? Ergänzen Sie hier mit Ihren Ideen zum eigenen E-Mail-Verhalten:**

_____

_____

_____

_____

_____

_____

_____

_____

_____

_____

_____

**Wie sieht die aktuelle E-Mail-Belastung im Sekretariat aus?**

Mal Hand aufs Herz: Wie viele E-Mails haben Sie täglich im Postfach?

_____

_____

_____

_____

_____

Und Ihr Chef?

_____

_____

_____

_____

Wie sieht Ihr täglicher Umgang mit E-Mails aus? Fühlen Sie sich von der E-Mail-Flut überfordert? Schaffen Sie es, im Informationsdschungel noch den Überblick zu behalten:

**Machen Sie sich Gedanken zu folgenden Fragen:**
**Wie oft rufen Sie Ihre E-Mails täglich ab?**

- Einmal täglich?
- Nur zu festen Zeiten?
- Mehrmals in der Stunde?
- Zu von mir gesetzten Zeiten und dann verarbeite ich Sie auch?
- Unregelmäßig?
- Fortlaufend, die E-Mails werden automatisch abgerufen?

_____

_____

_____

_____

_____

Gehören Sie auch zu der Gruppe, die Ihre E-Mails fortlaufend abruft? Falls dies der Fall ist, dann ist es höchste Zeit Ihr E-Mail-Verhalten zu überdenken.

Wenn Sie ständig E-Mails abrufen, dann sind Sie weniger effizient, als wenn Sie Ihre E-Mails mehrmals am Tag nach Ihrem Ermessen und Ihren Aufgaben abrufen. Datenmengen werden in Zukunft nicht weniger werden. Und der Einsatz zusätzlicher Kommunikationsmedien wird eine weitere Herausforderung werden, nicht den Überblick über Inhalte und Aufgaben zu verlieren.

**Informationsflut im digitalen Office managen**

Jeden Tag wächst die Menge der Informationen, die uns im Office erreicht – in den meisten Fällen durch E-Mails. Öffnet man morgens sein Postfach, wird man erst einmal erschlagen durch die Anzahl der neu eingetroffenen Informationen. Doch wenn das alles wäre: Hinzukommt das Postfach der Vorgesetzten, die mindestens doppelt so viele E-Mails erhalten haben wie Sie, und/oder die Team-Mails, die alle betreffen. Das sind dann schnell fast 200 E-Mails täglich, die es zu sichten und zu bearbeiten gilt. Laut einer Studie des Fraunhofer Instituts verbringt der durchschnittliche Office-Mitarbeiter mehr als 80 % der Arbeitswoche mit digitaler Kommunikation.

## Die eigentliche Arbeit ist nicht zu bewältigen

Kein Wunder, dass viele von uns ihre eigentliche Arbeit nicht mehr erledigen können oder erst nach offiziellem Dienstschluss damit anfangen, sie zu erledigen. Bei den Vorgesetzten ist es noch schlimmer, Dauer-Meetings und Dauer-Beschallung durch E-Mails, Memos, Notizen und Protokolle, lassen sie erst gar nicht zu ihrer eigentlichen Tätigkeit kommen. Eigentlich sollten uns die technischen Neuerungen helfen, den Arbeitsalltag besser zu bewältigen. Das kann jedoch nur gelingen, wenn wir sie auch zu nutzen wissen.

Viele wissen gar nicht, welche Möglichkeiten die E-Mail-Programme, wie z. B. Outlook, bieten, um Dokumente, Aufgaben, Nachrichten etc. stressfreier zu managen. Oder auch welche Alternativen es dazu gibt.

## Die Assistenz in der Rolle des Informationsmanagers

Der Job der Assistenz wandelt sich immer mehr von einem Nachrichtenempfänger zu einem Nachrichtenverteiler bzw. Nachrichtenverwerter. Der Umgang mit Informationen jeglicher Art scheint eine neue Schlüsselkompetenz im Office zu werden. Es gilt, das Überangebot an Informationen, die meistens verursacht sind durch das Hin- und Herschicken von internen Informationen, richtig auszuwerten und an die entsprechenden Personen weiterzugeben. Die Zeitkiller dabei sind die E-Mails, die ohne eine bestimmte Aufgabe daherkommen. Kollegen und Vorgesetzte setzen E-Mails sehr oft ungefiltert im

Gießkannenprinzip ab. Irgendjemanden wird es schon betreffen, irgendjemand wird sich schon damit befassen.

**Selbsteinschätzung zu Ihrem Umgang mit E-Mails**
**Warum fällt es Ihnen schwer, E-Mails zu festen Zeiten aufzurufen? Was hindert Sie daran, in Blöcken zu arbeiten? Was können Sie heute tun, um Ihre E-Mails gezielter abzurufen und zu verarbeiten?**

_____

_____

_____

_____

_____

_____

_____

_____

_____

_____

_____

_____

### Regeln etablieren
Nützlich könnte es sein, mit Vorgesetzten und Kollegen, Regeln für den Informationsaustausch zu vereinbaren. Ziel sollte es sein, die Kommunikation so zu gestalten, dass möglichst wenige E-Mails hin- und hergeschickt werden. Sollte es dennoch notwendig sein, sich detailliert zu Projekten oder Themen auszutauschen, müsste man darüber nachdenken Alternativen zum E-Mail-Programm einzuführen und sich über Medien auszutauschen, die eine Kollaboration im Team ermöglichen.

### Add-ons für die Kommunikation
Für eine solche Teamkommunikation eignen sich zusätzliche Add-ons, wie z. B. Microsoft Teams, SharePoint, Trello oder Slack, hervorragend. Sie bieten die Möglich-

keit, zu einem gezielten Austausch innerhalb eines Themas oder Projektes, ohne andere Personen, die nicht daran beteiligt sind, mit Informationen zu bombardieren. Darüber hinaus erlauben die Add-ons eine schnelle und gezielte Kommunikation in Gruppen von Mitarbeitern. Daten, Präsentationen oder Medien können wunderbar innerhalb der Gruppe ausgetauscht und diskutiert werden. Chats können öffentlich einsehbar sein oder auch privat gehalten werden. Direktnachrichten zwischen 2 Teilnehmern sind ebenfalls möglich – ideal, um der E-Mail-Flut den Kampf anzusagen. Mit der Einführung eines solchen Tools könnte zumindest schon einmal der interne E-Mail-Austausch nicht nur eingeschränkt, sondern komplett abgelöst werden.

**Wer E-Mails sät, wird E-Mails ernten**

Da ist was dran. Überlegen Sie sich ganz genau, wer bestimmte Informationen wirklich braucht? Wenn derjenige diese E-Mail nicht erhalten würde, würde er etwas verpassen? Auffallend viele E-Mails gehen nur zur Absicherung raus oder auch nur, um zu signalisieren, schau mal ich arbeite auch nach 20:00 Uhr. „Wenn Sie sich nicht die Arbeit machen, Adressaten bewusst zu wählen, warum soll sich jemand Arbeit machen, Ihre Mail zu lesen." Dieses Zitat von Dr. Joachim Schlösser, bringt es auf den Punkt.

**Intern keine Anhänge versenden**

Das hat 2 Gründe: Versenden Sie Anhänge an 10 Personen, besteht die Gefahr, dass alle 10 Personen, den Anhang in den unterschiedlichsten Ordnern oder auf dem Desktop abspeichern. Somit würden sich in der firmeninternen Ablagestruktur 10 Versionen der ursprünglichen Datei befinden. Des Weiteren hängt man ungefragt Dateianhänge an die E-Mail, verstopfen diese das Postfach des

Empfängers. Nutzen Sie Hyperlinks, um firmenintern Dateien auszutauschen. Dank der Web-App WeTransfer (www.wetransfer.de) verschicken Sie selbst große Dateien per Mail an Externe – kostenlos und ohne Anmeldung. Wer ganz up to date ist, verwendet SharePoint, um Dateien freizugeben und den Zugriff auf Informationen von nahezu allen Geräten zu ermöglichen. SharePoint gibt einem zudem noch die Möglichkeit, gleichzeitig an Dokumenten zu arbeiten. Somit wird gewährleistet, dass auch wirklich nur eine Version des Dokumentes im Umlauf ist.

### Benutzen Sie RSS-Reader

Sie erhalten Newsletter, Infos aus Blogs oder sonstige Internet-News, die sie abonniert haben? Denken Sie darüber nach, ob Sie wirklich alle Nachrichten lesen wollen, die Sie erhalten. Falls ja, dann richten Sie sich doch einen RSS-Reader ein. Dieser selektiert nach Ihren Angaben die abonnierten Nachrichten und bietet Ihnen mit einem Klick einen Überblick über die für Sie relevanten Themen. Somit verhindern Sie, dass Newsletter und Co. Ihren E-Mail-Account überfrachten.

### Team-E-Mails strukturieren

Erhalten Sie E-Mails in einem gemeinsamen Team-Postfach? Wie weiß man, wer aus dem Team sich an die Bearbeitung der Post macht? Oder passiert das willkürlich? Das wäre nicht optimal. Erstellen Sie Kategorien mit Namen oder Kürzeln der Teammitglieder und ordnen Sie die Nachrichten den Teammitgliedern zu. So sieht man auf den ersten Blick, wer welche Aufgaben zu erledigen hat.

### Dem Posteingang der Vorgesetzten eine Struktur geben

Der Posteingang des Chefs lässt sich auf vielfältige Weise vorstrukturieren. Wichtig ist, dass Sie sich auf eine

Möglichkeit einigen und sich dann auch daranhalten. Sie können in Outlook eine Kommentarspalte über die bedingte Formatierung einfügen. In dieser Kommentarspalte können Sie oder Ihr Chef Arbeitsanweisungen in Form von vordefinierten Kürzeln hinterlegen. Oder Sie sortieren die E-Mails bereits in vordefinierte Ordner. Hilfreich ist das EDITH-Prinzip. Jeder Anfangsbuchstabe steht für einen Ordner: (E – erledigt, D – delegiert, I – zur Info, T – Termin, H – Hilfe). So kann Ihr Vorgesetzter direkt sehen, was mit seinem Posteingang geschehen ist.

## Nutzen Sie Filter-Regeln

Viele E-Mails erreichen uns, unsere Vorgesetzten oder das Team nur zur Info. Das heißt, dass dahinter erst einmal kein „Doing" für uns steht. Info-E-Mails müssen nicht sofort gelesen werden, wenn überhaupt. Meistens sind die Empfänger in Info-E-Mails in cc gesetzt. Nutzen Sie Regeln, um die E-Mails, mit denen kein Doing verbunden ist, direkt in einen Info-Ordner zu verschieben. Und schon haben Sie wieder weniger E-Mails im Posteingang.

Allein schon durch diese einfachen kleinen Tipps lässt sich die Info-Flut in Ihrem E-Mail-Postfach um einiges verringern.

Der effiziente Umgang mit Informationen ist nicht immer die Frage des eingesetzten Programms, sondern wie dieses gehandhabt wird.

## Selbsteinschätzung zu Ihrem Umgang mit E-Mails
**Warum fällt es Ihnen schwer, E-Mails zu festen Zeiten aufzurufen?**

_____

_____

_____

_____

_____

_____

_____

_____

_____

_____

_____

## Was hindert Sie daran, in Blöcken zu arbeiten?

_____

_____

_____

_____

_____

_____

_____

_____

_____

## Was können Sie heute tun, um Ihre E-Mails gezielter abzurufen und zu verarbeiten?

_____

_____

_____

_____

_____

_____

_____

_____

_____

Wie viel Zeit verbringen Sie heute mit dem Schreiben und Checken von E-Mails? „Sehr viel", ist wahrscheinlich die

Antwort. Im Schnitt verwenden wir täglich mehr als die Hälfte unserer Arbeitszeit dafür, E-Mails zu sichten, zu erfassen und zu beantworten.

Da wir ständig unter Zeitdruck stehen, behandeln wir Informationen, die wir per E-Mail rausschicken, nicht immer empfängerorientiert. Im Gegensatz zum Brief: Dort nehmen wir uns Zeit, einen ansprechenden Text zu formulieren. Wir nehmen uns Zeit, um den Satzbau und die Orthografie zu prüfen und beschäftigen uns ausführlich mit der Formatierung unseres Schreibens.

Beim Schreiben von E-Mails gehen wir oberflächlicher vor. Wir reduzieren Grußformeln auf Abkürzungen, beschäftigen uns wenig mit aussagefähigen Betreffzeilen noch mit einer ansprechenden Formulierung des Textes. Sind wir emotional durch den Inhalt einer erhaltenen E-Mail erregt, so zögern wir meistens nicht dem Empfänger eine passende Antwort darauf zu schreiben.

Wenn wir früher eine Botschaft übermitteln wollten und uns über einen Brief geärgert haben, haben wir uns hingesetzt und eine emotionale, passende Antwort formuliert. Dann haben wir den Brief in einen Umschlag gesteckt, haben uns die Jacke gepackt und sind an die frische Luft gegangen, um einen Spaziergang zum Briefkasten zu unternehmen, um dann den Brief einzuwerfen. Nachdem unser Kopf wieder genügend Sauerstoff erhalten hat und unser Ärger verpufft war, sind wir nach Hause gelaufen und haben den Brief in den Papierkorb geschmissen und einen neuen mit weniger emotionalen Inhalt geschrieben.

Grundsätzlich verführt uns die E-Mail-Kommunikation dazu, einen verbalen Schlagabtausch zu führen, sobald wir den „Senden-Button" gedrückt haben. Nichtsdestotrotz, der E-Mail-Verkehr ist aus unserem modernen Geschäftsleben nicht mehr wegzudenken. Die Vorteile liegen auf der Hand: Dokumentenanhänge können problemlos mitgeschickt werden, Empfang ohne Zeitverlust und ständige Erreichbarkeit.

## 6.1 Was gilt es bei E-Mails zu beachten, um nicht von der Datenflut überrollt zu werden und selbst nicht Verursacher der Datenüberschwemmung zu sein?

Prüfen Sie doch mal: Wie viele E-Mails erhalten Sie täglich und wie viele E-Mails sind überflüssig?

_____

_____

_____

_____

_____

_____

_____

_____

_____

_____

Glauben Sie, dass Ihnen Spielregeln mit Ihrem Team/ Chef helfen, disziplinierter mit E-Mails umzugehen?

_____

_____

_____

_____

_____

_____

_____

_____

_____

**Überlegen Sie, welche E-Mail-Regeln Ihnen helfen können, nicht von den vielen Informationen überrollt zu werden.**

---

Zunächst einmal sollten Sie sich mit Ihrem Team austauschen und disziplinieren, gemeinsame Regeln aufzustellen, die Sie dann in einer E-Mail-Policy festhalten können. Mögliche Spielregeln möchte ich Ihnen an dieser Stelle vorschlagen:

### Tipp 1: Feste E-Mail-Zeiten

Wie oft erfordert Ihre Arbeit, dass Sie E-Mails bearbeiten? Fangen Sie an, in Blöcken zu arbeiten: Legen Sie 2 bis 3 festgelegte Arbeitsblöcke für Ihre persönliche E-Mail-Bearbeitung fest. Nur jede 7. E-Mail ist vielleicht wichtig. Die wenigsten E-Mails sind mit Aufgaben verbunden.

Bevor Sie anfangen, die Prioritäten der anderen zu bearbeiten, fangen Sie an, selbst über die Wichtigkeit und Dringlichkeit Ihrer Aufgaben zu entscheiden.

### Tipp 2: Wen betrifft es wirklich?

Hinterfragen Sie immer wieder, für wen die jeweilige E-Mail wirklich wichtig ist. Muss ich immer in „Kopie an" und „Antworten an alle" benutzen? Schicken Sie Ihre Nachrichten an cc immer nur an die Empfänger, welche die Informationen wirklich benötigen. Hören Sie auf, sich ständig abzusichern, wenn Sie Informationen weitergeben. Sie müssen niemanden beweisen, dass Sie um 21:00 Uhr noch im Büro sind oder am Wochenende arbeiten.

### Tipp 3: Vermeiden Sie den Sägeblatteffekt

Vermeiden Sie Störungen, die durch optische und akustische Signale, die auf neue E-Mails hinweisen, erscheinen. Aus reiner Neugierde lassen wir uns aus unserer Aufgabe rausreißen, um zu schauen, wer uns geschrieben hat. Das erneute Hineindenken in die Aufgabe kostet uns unsere wertvolle tägliche Arbeitszeit.

### Tipp 4: Das Sofort-Prinzip

Schätzen Sie, ob Sie für die Bearbeitung, das Lesen und Beantworten der eingegangenen E-Mails weniger als 3 min brauchen. Falls das der Fall ist, bearbeiten Sie die E-Mail sofort, falls nicht, setzen Sie die Bearbeitung auf Ihre To-do-Liste im nächsten vorgesehenen Zeitblock. Vergessen Sie nicht, sich bei jeder Mitteilung sofort Prioritäten zu setzen.

### Tipp 5: Leerer Posteingang

Ein leerer Posteingang hat die gleiche psychologische Wirkung wie ein aufgeräumter Schreibtisch im Büro.

Struktur und Ordnung zeugt von Kompetenz. Arbeiten Sie mit Ordnern in Ihrem Posteingang. Entscheiden Sie sofort, was Sie mit der E-Mail machen: ablegen, delegieren oder löschen. Nutzen Sie öfter mal den Papierkorb.

### Tipp 6: Erstellen Sie automatische Regeln

Mit automatischen Regeln können Sie E-Mails von bestimmten Personen, zu bestimmten Themen automatisch direkt in die dazugehörigen Ordner ablegen. So können E-Mails, wo Sie nur zur Info stehen oder Newsletter erst einmal aus dem Posteingang wegsortiert werden.

### Tipp 7: Guter Betreff

Fangen Sie an, aussagefähige Betreffzeilen zu formulieren. Auch der Empfänger organisiert seine E-Mails und freut sich, wenn er direkt und ohne großes Klicken weiß worum es geht. Denken Sie auch über Kürzel in der Betreffzeile nach. Ein „EOM" (End of Message) hinter der Nachricht signalisiert, dass die E-Mail nicht mehr geöffnet werden muss, um den Inhalt zu lesen. Diese Art der Mikrokommunikation ist sinnvoll und hilft, den Posteingang zu sortieren.

### Tipp 8: Formulieren Sie To Dos

Benutzen Sie Kürzel, um dem Empfänger einen direkten Hinweis zu den Inhalten der E-Mail zu geben. Hier für Sie einige Kürzel, die Sie an Ihren Alltag anpassen können. Denken Sie daran, dass auch an Kollegen zu kommunizieren. Das geht schnell und spart jede Menge Zeit.

  ACT = eine Aufgabe steht dahinter
  EOM = End of Message
  LANG = lange Nachricht
  INFO oder FYI = nur zur Info etc.

### Tipp 9: Ein Thema – eine E-Mail

Vermeiden Sie Endlos-Mails mit vielen unterschiedlichen Themen und Empfängern. Das hat mehrere Vorteile: Zum einen erleichtern Sie Empfängern, die Informationen ohne mehrmalige Kopien abzulegen. Gleichzeitig schreiben Sie Nachrichten nur an die Personen, die das Thema auch betrifft.

### Tipp 10: Stil und Form

Bleiben Sie bei der E-Mail-Korrespondenz immer einem modernen und professionellen Schreibstil treu. Denken Sie an die korrekte Anrede, keine Abkürzungen, vernünftige Grußformeln etc. Die Regeln des guten Stils und der Rechtschreibung gehören zum E-Mail-Verkehr genauso wie zum Brief. Schreiben Sie im Business-Stil. Smileys oder Ausdrücke aus dem Privaten kommen nicht gut an.

### Tipp 11: Verhindern Sie Peinlichkeiten

Am Anfang habe ich erwähnt: Der Senden-Button ist schnell gedrückt. Die E-Mail mit einem Fehler oder unangemessener Sprache ist beim Empfänger gelandet, der avisierte Anhang vergessen. Setzen Sie die E-Mail-Adresse des Empfängers erst zum Schluss ein. Prüfen Sie vorher alles auf seine Richtigkeit und Rechtschreibung.

### Tipp 12: E-Mail-freier Tag

Wie steht es mit einem E-Mail-freien Tag im Unternehmen? Einige namhafte Großkonzerne haben für Ihre Mitarbeiter einen E-Mail-freien Tag eingerichtet. Sinn des Tages ohne E-Mails ist zum einen, weniger Mails zu verschicken, aber auch das persönliche, interne Kommunizieren wieder zu fördern. Einige gehen noch weiter und lassen E-Mails von Freitagnachmittag bis Montagmorgen gar nicht erst durch. Verhindert werden soll dadurch, dass sich die Mitarbeiter am Wochenende mit Firmenkorrespondenz beschäftigen, um somit eine ausgeglichene Work-Life-Balance zu erreichen.

Vereinbaren Sie E-Mail-Spielregeln immer gemeinsam im Team. Jeder Mitarbeiter sollte seine Punkte für die Spielregeln nennen dürfen. Das ist wichtig, weil Sie nur so eine Basis für eine gemeinsame Verantwortlichkeit für den Umgang mit den E-Mails bzw. deren Einhaltung erhalten.

Und wie sieht es mit Ihrem eigenen E-Mail-Verhalten aus? Bedenken Sie dabei immer: Wer E-Mails sät, wird E-Mails ernten.

## 6.2 Wie können wir E-Mails effizient bearbeiten? Weitere Tipps für mehr Effizienz

**Effizienz-Tipp 1: Die Kommunikationsmedien werden überschätzt**

Nicht für alles ist eine E-Mail nötig: Komplizierte Sachverhalte lassen sich leichter und schneller übers Telefon oder persönlich klären. Keiner sollte die Antwort einer Mail am selben Tag erwarten. In Deutschland reicht es aus, wenn eine E-Mail innerhalb von 24 h beantwortet wird.

**Effizienz-Tipp 2: Der Posteingang ist eine Arbeits- und keine Ablagefläche!**

Der Posteingang ist wie Ihr Schreibtisch: Hier sollten nur die wichtigsten, als nächstes zu bearbeitenden Dinge liegen. Was Sie gegen die Verwilderung Ihres Posteingangs tun können: Ausmisten! Der erste Schritt beim Eingang von E-Mails: Löschen Sie zuerst alle Spam- und Werbemails.

**Schauen Sie ganz genau hin und überlegen Sie mal:
Warum sind Ihre E-Mails noch im Posteingang?**

_____

_____

_____

_____

_____

_____

_____

_____

   Vielleicht helfen Ihnen folgende Punkte bei Ihrer Überlegung. Kreuzen Sie an, was auf Sie zutrifft:

a. E-Mails müssen noch bearbeitet werden; damit ich sie nicht vergesse, lasse ich sie im Posteingang liegen und bearbeite sie, wenn ich Zeit habe.
b. Eventuell brauche ich die E-Mail noch, weiß aber nicht so richtig wohin damit?
c. Sie können nicht einschätzen, ob die E-Mail eventuell wichtig ist.
d. Sie müssen Rücksprache mit Ihrem Chef/Team halten?

**Überlegen Sie nun, wie Sie Ihre E-Mails aus dem Posteingang loswerden können.**

_____

_____

_____

_____

_____

_____

_____

_____

_____

_____

## Effizienz-Tipp 3: Nur wichtige E-Mails sofort bearbeiten

Was für die Pause: Newsletter & Co., die vielleicht einmal interessant, aber momentan nicht wichtig sind, sollten Sie durch einen automatischen Filter in einen Ordner „Bei Gelegenheit lesen" verschieben. Sie können ihn in einem Leistungstief durchscannen. Einzige Ausnahme: E-Mails, die Sie in weniger als 3 min beantworten können, können schnell abgearbeitet werden und schaffen Platz im Posteingang.

## Effizienz-Tipp 4: Updates und alte Informationen löschen

Viele Mails sind zur Information gedacht. Zu gern lässt man sie als „Erinnerung" im Posteingang oder in einem Ordner liegen, wo diese wuchern und ungeahnte Ausmaße annehmen. Also: Mut zur Lücke und löschen Sie gelesene, nicht weiter zu bearbeitende Mails sofort. Zur Not kann man sie immer noch mal aus dem Papierkorb fischen.

## Effizienz-Tipp 5: KISS-Prinzip (Keep It Short And Simple)

KISS ist eine Abkürzung und steht für „Keep it simple and stupid: Versuchen Sie 60 % Ihrer Mails mit 3 kurzen Sätzen abzuhandeln. Konzentrieren Sie sich auf die Hauptaussagen und -elemente. Versuchen Sie nicht mehr als 3 (Ab-)Sätze zu schreiben, in denen Sie Hintergrundinformationen + Anfrage/Anweisung + Dank/Weiteres unterbringen. Markieren Sie zentrale Wörter fett. Nutzen Sie Listen und Aufzählungen. Denke Sie immer daran: Der Empfänger hat auch viel zu tun.

## Effizienz-Tipp 6: E-Mail-Ordner nach Prozessen & Kategorien ordnen

Legen Sie sich „Prozessordner" an für Mails, die Sie später bearbeiten: „diese Woche erledigen", „bei Gelegenheit bearbeiten", „lesen", „nachhaken". Richten Sie sich außerdem „Kategorienordner" ein, um Informationen nach Themengebieten zu ordnen.

## Effizienz-Tipp 7: E-Mail-Ordner clever beschriften

Wie eben angedeutet, ist es hilfreich, auf die Ordner draufzuschreiben, was genau mit dem Inhalt gemacht werden soll: „erledigen", „nachhaken" etc. Das hilft dem Gehirn, schneller zu schalten und keine Zeit zu verschwenden.

## Effizienz-Tipp 8: Alle Schlupflöcher dicht machen

Informieren Sie sich genau über mögliche Sicherheitslücken bei Ihren E-Mail-Programmen (wie z. B. Outlook). Öffnen Sie keine unbekannten Mails leichtfertig – ein wenig Aufmerksamkeit spart an dieser Stelle enorme Zeit für Schadensbegrenzung.

## Effizienz-Tipp 9: Formulieren Sie klare Ansagen

Bei Terminabsprachen und Arbeitsanweisungen schaffen Sie klare Rangfolgen: „Wir treffen uns Sonntag 16:00 Uhr am xy. Nur dann, wenn sich etwas ändert, melde ich mich nochmals bis 13:00 Uhr." Oder: „Ich kann Ihnen folgende Termine anbieten (Fett sind Präferenzen): 18.8., 19.8. oder 22.9." Damit werden eventuelle Doppeldeutigkeiten, Rückfragen und Unsicherheiten schon vorher ausgeschlossen.

## Effizienz-Tipp 10: Sichten und bearbeiten

Wichtig ist, dass Sie lernen zwischen E-Mail-Sichten und E-Mail-Bearbeiten zu unterscheiden: Entscheiden Sie sofort, was mit jedem Dokument geschehen soll.

**Effizienz-Tipp 11: Regeln einführen**
Nützlich könnte es sein, mit Vorgesetzten und Kollegen, Regeln für den Informationsaustausch zu vereinbaren. Ziel sollte es sein, die Kommunikation so zu gestalten, dass möglichst wenige E-Mails hin- und hergeschickt werden. Sollte es dennoch notwendig sein, sich detailliert zu Projekten oder Themen auszutauschen, müsste man darüber nachdenken, Alternativen zum E-Mail-Programm einzuführen.

Allein schon durch diese einfachen kleinen Tipps lässt sich die Info-Flut in Ihrem E-Mail-Postfach um einiges verringern.

**Der effiziente Umgang mit Informationen ist nicht immer die Frage des eingesetzten Programms, sondern wie dieses gehandhabt wird.**
Stellen Sie Sich immer folgende Fragen:

1. Wen betrifft die E-Mail? Betrifft Sie mich, dann …

    _____

    _____

    _____

2. Dauert die Erledigung der Aufgabe länger als 2–4 min?

    _____

    _____

    _____

3. Was ist mit der E-Mail zu tun?

    _____

    _____

    _____

# 6.3   Fazit für Ihren Büroalltag

- Sie brauchen eine Struktur, damit die E-Mail-Flut beherrschbar wird.

- Schließen Sie keine E-Mail, ohne eine Entscheidung getroffen zu haben. Was Sie nicht sofort bearbeiten können, sollten Sie sofort zeitlich einplanen oder delegieren.
- Sie haben Post: Stellen Sie als erstes den Mail-Alarm aus. Jedes Beep-beep erschreckt und verleitet zu ungeplanter Handlung und Bearbeitung.
- Nehmen Sie sich mehrmals am Tag ganz gezielt Zeit für Ihre Mails und bearbeiten Sie diese am Block.
- Investieren Sie pro Mail nicht mehr als 2 min pro E-Mail.
- Entscheiden Sie bei jeder Mail: reagieren, archivieren oder löschen?
- Nutzen Sie aussagefähige Betreffzeilen.
- Oftmals ist ein Telefonat schneller. E-Mails eignen sich nicht für die Austragung von Konflikten, Brainstormings oder für komplexe Entscheidungsfindungen.
- Mit Hyperlinks für interne E-Mails Datenflut eindämmen.
- In der Regel genügt, wenn Sie Mails innerhalb von 24 h beantworten (in den USA werden 8 Std. erwartet).
- Leeren Sie den Eingangsordner regelmäßig.
- Löschen oder archivieren Sie überflüssige E-Mails.
- Adaptieren Sie für sich neue positive Gewohnheiten im Umgang mit E-Mails.
- Betreiben Sie kein E-Mail-Ping-Pong, sondern bestimmen Sie alternative Kommunikationsmedien wie interne Chats, Foren oder Wikis.

# 7

# Organisation 7: Urlaubsvorbereitung im Büro - Gute Vorbereitung ist die halbe Miete

Urlaubszeit, Entspannungszeit? Von wegen! Zumindest nicht im Büro – es sei denn, Sie beschäftigen sich rechtzeitig mit einer ausgiebigen Urlaubsvorbereitung.

Meistens ist die Situation so: Wochen vor dem Urlaub wird so viel wie möglich im Voraus erledigt, während des Urlaubs fällt das Abschalten schwer. Ständig kreisen Gedanken durch den Kopf: „Klappt alles im Büro?", „Wird der Chef gut betreut?" oder „Kommt er allein zurecht und hinterlässt er mir nicht ein Chaos?". Und nach der Rückkehr ins Büro erwarten uns meistens jede Menge neuer Themen und unerledigter Vorgänge. Die Erholung ist sekundenschnell verpufft und man dreht sich schnell wieder im Hamsterrad.

Um Ihnen solche Erfahrungen zu ersparen, möchte ich Ihnen heute einige Tipps für die Urlaubsvorbereitung geben, damit Sie Ihren Urlaub entspannt antreten und gut gelaunt, erholt und motiviert Ihren Office-Alltag bestreiten können.

© Springer Fachmedien Wiesbaden GmbH, ein Teil von Springer Nature 2020
E. Romanic, *Geheimwaffe: Assistenz II*,
https://doi.org/10.1007/978-3-658-29920-0_7

**Abb. 7.1**   (Quelle: Bitmoji)

## 7.1    Stellvertretung – ja oder nein?

Die wichtigste Frage, die sich bei der Urlaubsvorbereitung im Büro stellt, ist, ob Sie sich von einem Kollegen vertreten lassen. Das hängt einerseits von der Größe Ihres Unternehmens ab und andererseits auch davon, was für ein Typ Ihr Chef ist. Manche Chefs erledigen viele Aufgaben selbstständig, andere wiederum brauchen für jede Angelegenheit Unterstützung. Wenn jemand für Sie die Vertretung übernimmt, hat das auch entscheidende Vorteile. Zum einem wissen Sie, dass Ihr Chef während Ihrer Abwesenheit Hilfe bekommt. Das hat wiederum den Vorteil, dass Sie nicht permanent durch seine Anrufe im Urlaub gestört werden. Zum anderen werden durch die Stellvertretung auch viele anfallende Arbeiten erledigt, die Sie nach Ihrem Urlaub nicht mehr auf dem Schreibtisch

liegen haben. Damit jemand anderes Ihre Aufgaben übernehmen kann, müssen Sie unbedingt die Voraussetzungen
dafür schaffen.

## Zugriffsrechte

Bei der Urlaubsvorbereitung ist auch darauf zu achten,
dass Zugriffsrechte für E-Mail-Accounts und Ordner vor-
handen sind sowie Passwörter oder andere Codes Ihrer
Urlaubsvertretung bekannt sind. Wenn es im Unternehmen strenge Datenschutzrechtlinien gibt, sollte man
vorher vielleicht noch beim Datenschutzbeauftragten
nachhaken, wie mit solchen Dingen umzugehen ist. Im
besten Fall die Passwörter nach dem Urlaub einfach wieder
ändern lassen.

## Wissen

Nahezu unterschätzt ist die Wichtigkeit der Ablage
während einer Vertretung. Weiß die Kollegin, wo welche
Ordner, Dokumente, Formulare, Informationen oder auch
vertrauliche Unterlagen liegen? Soll Sie überhaupt die
Ablage erledigen oder legen Sie einfach fest, wo die Unterlagen gesammelt werden sollen? Möglicherweise können
Sie ihr auch eine Liste vorbereiten (Stichwort, Ablageort,
Datum), in der sie jeden abgelegten Vorgang vermerkt. So
finden Sie sich nach Ihrem Urlaub schnell wieder zurecht.

## Post

Was passiert mit der Post während Ihrer Abwesenheit? Soll
die Post grundsätzlich bearbeitet werden? Falls ja, geben
Sie eine Einführung in Ihre Postsortierung und in Ihre
mit dem Chef abgestimmten Kürzel für die Bearbeitung.
Klären Sie, welche Post (virtuell und real) geöffnet werden
darf, was darf oder muss weitergeleitet werden? Denken
Sie auch hier daran, eine Postvollmacht für Ihre Stellvertreterin einzurichten. Hier können Sie genauso wie

bei der Ablage vorgehen: Lassen Sie Ihre Kollegin alle ein- und ausgehenden Schriftstücke in einer Tabelle dokumentieren, so behalten Sie auch hier den Überblick und sind nach dem Urlaub gut informiert.

### Kontaktdaten und Ansprechpartner

Achten Sie darauf, dass Ihre Kontakte immer auf den neusten Stand sind. Es ist peinlich, wenn Ihre Vertretung im Auftrag des Chefs Termine koordinieren soll und der Ansprechpartner nicht mehr unter der Telefonnummer zu erreichen ist. Benennen Sie die wichtigsten Ansprechpartner und übergeben Sie gegebenenfalls eine Liste mit den wichtigsten Geschäftspartnern und Lieferanten, mit denen Ihr Vorgesetzter regelmäßig zu tun hat. Klären Sie Ihre Kollegin auf, welche Telefonate durchgestellt werden dürfen und welche abgewimmelt werden müssen.

### Termin- und Reiseplanung

Haben Sie an die Vorbereitung aller Besprechungen und Konferenzen gedacht? Wenn möglich, legen Sie wichtige Besprechungen oder auch Events nach Ihren Urlaub. Sollte das nicht möglich sein, dann informieren Sie Ihre Stellvertreterin, worauf zu achten ist und was von ihr erwartet wird. Für eine Zusammenfassung (Ansprechpartner, Bewirtung, Einladung, Agenda, Teilnehmer etc.) mit allen anstehenden Besprechungen und Veranstaltungen ist Ihre Stellvertreterin bestimmt dankbar. Geben Sie ihr auch Hinweise für die Terminvergabe. Muss der Vorgesetzte jedes Mal gefragt werden oder kann Sie Termine selbstständig vergeben?

Genauso hilfreich für Ihre Kollegin ist im Rahmen der Urlaubsvorbereitung auch eine Liste aller anstehenden Geschäftsreisen Ihres Chefs. Legen Sie dafür einen separaten Reiseordner an, egal ob elektronisch oder manuell. Hinterlegen Sie dort Angaben über die Vorlieben

Ihres Vorgesetzten bei Buchungen, Hotels, Mietwagen, Flügen, Bahnfahrten und seine Reisezeiten.

## Zusammenarbeit mit dem Chef

Briefen Sie Ihre Stellvertretung über die Vorlieben und Abneigungen Ihres Chefs. Was für ein Führungstyp ist er? Welche Prioritäten hat er? Womit startet er in den Tag? Welche Unterlagen benötigt er zuerst auf seinem Schreibtisch? Überzeugen Sie beide (Chef und Vertretung), dass ein morgendlicher 5-Minuten-Austausch nur Vorteile bringt. Mit dem 5-Minuten-Gespräch klärt man im Vorweg Prioritäten ab und läuft nicht Gefahr, dass man aneinander vorbei arbeitet.

## Projekte

Um immer auf dem Laufenden über die Projekte zu bleiben, arbeiten mein Chef und ich z. B. mit einer aktiven Projektliste. Diese ist nicht nur hilfreich bei der Urlaubsübergabe, sondern auch im laufenden Geschäftsalltag. Jedes Projekt ist dort mit dem aktuellen Stand versehen. Man sieht sofort, wer im Projekt verantwortlich ist und welche Termine einzuhalten sind. Für die Urlaubsvertretung ist so eine Liste hilfreich, besonders wenn die Vertretung aus einer anderen Abteilung kommt und nicht in das tägliche Doing involviert ist. Solch eine Projektliste kann zur Urlaubsvorbereitung dann noch durch zusätzliche Informationen ergänzt werden: „Vom wem kommt Input?", „An wen wird das Ergebnis weitergeleitet?" etc. Legen Sie für Ihren Chef und die Kollegin eine zusätzliche Ablage fest, wo unerledigte Vorgänge für Sie gesammelt werden können. Nutzen Sie auch OneNote für Ihre Planung.

## Geburtstage

Machen Sie in den Kalender Ihres Chefs Reminder über die Geburtstage und Jubiläen, die während Ihres Urlaubs anfallen. Möglicherweise bereiten Sie schon Gratulationen vor und besorgen kleine Geschenke. So bleibt Ihr Stil auch während Ihres Urlaubs gewahrt und Ihre Stellvertretung wird Ihnen für die Arbeitserleichterung dankbar sein. Alternativ können Sie auch mit Outlook andere Kalender abonnieren. Kalenderabonnements sind eine großartige Möglichkeit, um in Bezug auf Ferien, Sportereignisse, soziale Netzwerke und vieles mehr auf dem Laufenden zu bleiben. Die abonnierten Kalender werden von den einzelnen Anbietern meistens kostenlos zur Verfügung gestellt. Die Kalender lassen sich in Ihrem Outlook ein- und ausblenden. Abos werden über Exchange bzw. iCloud nicht automatisch synchronisiert und müssen auf jedem Endgerät separat installiert werden. Wichtig ist, dass Sie auf allen Endgeräten bei iCloud mit derselben Apple-ID angemeldet sind. Nach der Abonnierung erfolgt die Aktualisierung automatisch (Apple 2020).

## Urlaubsübergabe – so läuft alles rund

Bereiten Sie Ihre Abwesenheit immer professionell und rechtzeitig vor. Achten Sie darauf, dass Sie eine gute Ordnung in Ihren Schubladen, auf Ihrem Schreibtisch oder bei der Ablage haben. Verhindern Sie große Suchaktionen, um eine effiziente Urlaubsübergabe zu gewährleisten. Ganz wichtig ist: Weisen Sie Ihre Stellvertretung präzise in alle Vorgänge ein. Sie müssen keine Bedenken haben, dass diese Ihre Arbeit besser erledigt. Es zeugt von Ihrer Professionalität und Kompetenz, wenn in Ihrer Abwesenheit alles rund läuft.

## 7.2    Fazit für Ihre Urlaubsvorbereitung

- Denken Sie an die Zugriffsrechte
- Teilen Sie ihr wichtige Informationen und Verlinkungen zu Ordnern, z. B. in OneNote, mit
- Organisieren Sie Ihre Post (eventuell hilft hier der digitale Briefkasten; siehe Seite xy)
- Halten Sie Ihre Kontaktdaten und Ansprechpartner auf dem neuesten Stand (Abhilfe kann SnappAddy; siehe Seite xy) bieten
- Bereiten Sie die Reisen Ihres Chefs mit einer Vorlage in OneNote vor. Teilen Sie das Notizbuch „Geschäftsreise Chef" mit Ihrer Kollegin und lassen Sie die Kollegin mit Ihrer digitalen Vorlage arbeiten)
- Dokumentieren Sie Ihre Projektarbeit in OneNote
- Geben Sie Reminder für Geburtstage oder besondere Anlässe vor

## Literatur

Apple (2020) https://support.apple.com/de-de/HT202361. Zugegriffen: 18. 03. 2020

# 8

# Organisation 8: Erfolgreich delegieren im Namen des Chefs

Ich war eine engagierte und erfolgreiche Assistentin: Ich habe meinem Chef immer den Rücken freigehalten. Das Zusammenspiel zwischen uns beiden ist ein wesentlicher Faktor für den Erfolg der Abteilung und schlussendlich für den Erfolg im gesamten Unternehmen. Wenn ich im Back-Office nicht funktioniere, kann er an der Front seine Aufgaben nicht perfekt meistern.

Niemand im Unternehmen arbeitet so nah zusammen wie Chef und Assistentin. Sie weiß fast alles. Sie hat Einblick in die beruflichen und privaten Belange des Chefs. Im Zweiergespann erfolgreich zu sein, ist nur dann möglich, wenn man an einem Strang zieht und in die gleiche Richtung schaut.

**Nicht leicht, wenn der Chef oft unterwegs ist**

Ich hatte einen virtuellen Chef. Das heißt nicht, dass er in den endlosen Weiten des Cyberspace oder nur in meinem Kopf existiert. Nein, das heißt ich hatte einen

© Springer Fachmedien Wiesbaden GmbH, ein Teil von Springer Nature 2020
E. Romanic, *Geheimwaffe: Assistenz II*,
https://doi.org/10.1007/978-3-658-29920-0_8

**Abb. 8.1** (Quelle: Bitmoji)

Chef, der oft auf Reisen war, seine Aufgaben in der Luft-
hansa Lounge diverser Flughäfen erledigte und per Telefon
seine Aufgaben delegierte. In seinem Auftrag musste ich
oft Aufgaben an die Kollegen verteilen und die Umsetzung
nachhalten. Das ist in vielen Fällen gar nicht einfach.
Als Assistentin habe ich keine direkte Weisungsbefug-
nis, insbesondere nicht zu Mitarbeitern in den höheren
Hierarchieebenen.

„Hier ist der Vorgang für Herrn Strauß, er soll sich
darum kümmern und mir zeitnah ein Feedback geben",
so oder ähnlich delegieren die meisten Chefs Arbeiten
an ihre Mitarbeiter oder Assistenzen. Übergibt man
dann die Unterlagen dem zuständigen Kollegen, kann es
passieren, dass dieser Sie mit großen Augen anschaut und
überhaupt nicht weiß, worum es sich handelt. Herr
Strauß stellt Ihnen Fragen zu den Unterlagen, die Sie im
gleichen Moment nicht beantworten können. Oder noch

schlimmer: Man reagiert mit Missfallen auf die delegierte Aufgabe. Fazit, Sie müssen sich mit dem Vorgang wieder an Ihren Chef wenden und nachfassen. Das raubt Ihre Zeit und die Nerven vom Chef. Chefentlastung sieht anders aus. Wie kann man es besser machen?

## 8.1  Delegieren – aber richtig!

Das Zauberwort heißt: klare und eindeutige Kommunikation. Es geht darum, dass Sie Ihren Vorgesetzten dazu bewegen, Ihnen alle notwendigen Informationen zu geben, sodass Sie und der Kollege genau wissen, was und wann ein Ergebnis erreicht werden soll. Wer sind die Beteiligten in dem Projekt, wo liegen wichtige Unterlagen zur Ansicht? Gibt es Besonderheiten? Wer muss was bis wann liefern? In welcher Form soll das Ergebnis übergeben werden? Schriftlich, mündlich? Wie detailliert soll das Ergebnis sein und welches Ziel steht dahinter? Einen wichtigen Kunden zu gewinnen? Ein neues Projekt zu übernehmen? Oder intern an dem Vorstand zu berichten?

Wichtig ist hier, dass Sie sich Zeit nehmen, Ihren Chef zu fragen. Das kostet augenscheinlich ein wenig Geduld im Vorfeld, ist aber nach hinten ein Zeitgewinn, weil so unnötige Fragestellungen von Kollegen verhindern werden.

Wenn es wenig oder keine Rückfragen gibt, Sie kompetent auf Fragen antworten können und vielleicht sogar über das Projekt inhaltlich berichten können, nimmt Sie auch der Kollege in Ihrer Delegationsfunktion ernst und nimmt Ihre Anweisung im Namen des Vorgesetzten an. Wie treten Sie eigentlich bei der Delegation einer Aufgabe auf? Welche Worte nutzen Sie? Wie ist Ihre Körpersprache. Auch diese Faktoren sind entscheidend, wenn es darum geht, Aufgaben weiterzugeben.

Fallen Sie nicht mit der Tür ins Haus, indem Sie direkt sagen: „Der Chef möchte, dass Sie dies und jenes heute noch erledigen." Das könnte irgendwie bedrohlich und wenig wertschätzend auf die Kollegen wirken.

Treten Sie souverän auf und versuchen Sie, sich in die Lage des Mitarbeiters hineinzuversetzen. Sicherlich haben die Kollegen jede Menge anderer Themen auf den Tisch, die auch noch heute gewuppt werden wollen.

Fangen Sie mit einer ICH-Botschaft an: Ich sehe, dass Sie gerade den Tisch voller Themen haben … ich möchte Sie ungern stören … Herr xy bittet Sie um Ihre Unterstützung bei der Aufgaben xy (jetzt kommt positives Feedback), weil er immer auf Sie zählen kann … weil Sie zuletzt so gut mit dem Vertriebsleiter der Fa. xy verhandelt haben etc.

Chefentlastung heißt auch Rückmeldungen geben über die delegierten Aufgaben und Projekte. Sie sollten die Abgabetermine im Kopf haben oder zumindest auf Ihrer To-do-Liste und Ihrem Chef immer einen Schritt voraus sein, bevor er nachfassen kann nach dem Motto: „Wann kommt denn die Rückmeldung von Herrn Strauß zum Vorgang xy?". Geben Sie kurze Zwischenfeedbacks und berichten Sie über den Stand der Projekte.

Nicht immer werden die Kollegen freudestrahlend die delegierten Aufgaben annehmen und eventuell auch Bedenken äußern, dass sie kaum dazu Zeit finden.

Setzen Sie auch hier Ihre Empathie ein und versuchen Sie auf die Einwände einzugehen: „Ich verstehen Ihren Zeitdruck … Ihre Bedenken … Sehen Sie denn eine Möglichkeit, Ihre Teamkollegen mit ins Boot zu holen? … mit meiner Unterstützung zu erledigen?

**Unterstützen Sie Kollegen!**

Wenn die Kollegen dann bereitwillig die zugewiesenen Aufgaben übernehmen, dann sollten Sie auch Ihre Kollegen unterstützen, indem Sie Erinnerungen zu Abgabefristen oder Feedbacks geben. Die Kollegen werden Ihnen dankbar sein, wenn Sie ihnen helfen und nicht den Chef ins Messer laufen lassen. Sehen Sie sich auch in der Verantwortung, andere Menschen dazu zu bewegen, zielgerichtet etwas zu tun. Dazu ist eine gewisse Portion Empathie und Einfühlungsvermögen notwendig. Ein guter Umgang mit den Kollegen und ein überzeugendes Auftreten helfen dabei. Begeben Sie sich nicht zwischen die Fronten, wenn es mal zwischen Chef und Mitarbeitern kracht. Als Sekretärin bzw. Assistentin nehmen Sie eine Mittel- und Mittlerstellung zwischen Ihrem Chef und Ihren Kollegen ein: Wenn Sie diese Balance zwischen Nähe und Distanz einhalten, werden Sie einfacher Informationen abfragen und Vorgänge im Namen des Chefs delegieren können.

**Die Grenzen kennen**

Delegieren im Auftrag des Chefs hat auch Grenzen. Sollen Sie im Auftrag des Chefs einen Konflikt zwischen 2 Mitarbeitern klären oder gar einem Mitarbeiter mitteilen, dass seine Leistungen bzw. ein Ergebnis nicht gut sind, dann sollten Sie dies ablehnen! Diese Aufgaben gehören in den Bereich Mitarbeiterführung und sind nicht delegierbar! Im umgekehrten Fall ist Ihr Chef Ihnen sicherlich dankbar, wenn Sie ihn auf Konflikte in seinem Team hinweisen, wenn diese die Arbeit behindern. Sie sind schließlich das wichtigste Bindeglied zwischen ihm und seinem Team!

## 8.2    Fazit für Ihre Delegation in Namen des Chefs

- Haben Sie keine Angst viele Fragen an den Delegierenden zu stellen (Hilfreich sind immer die W-Fragen (Wer, Wie, Was, Wieso, Weshalb, Warum?) Desto klarer der Auftrag, desto schneller können die Aufgaben erledigt werden.
- Bauen Sie sukzessiv ein gutes Wissen auf, damit Sie für Rückfragen optimal gewappnet sind und Zusammenhänge besser verstehen.
- Nehmen Sie sich Zeit für das Delegieren: nicht zwischen „Tür und Angel".
- Kommunizieren Sie die Erwartungen des Vorgesetzten: Erklären Sie: Aufgabe, Ziel und Zeitrahmen.
- Betonen Sie die Bedeutung der Aufgabe für das Unternehmen oder Ihre Abteilung.
- Behalten Sie alle Vorgänge im Blick (virtuelle To-do-Liste, Outlook z. B. Aufgaben zuweisen).
- Unterstützen Sie Kollegen und Mitarbeiter.
- Stellen Sie alle notwendigen Informationen und Hilfsmittel zur Verfügung
- Seien Sie empathisch und kommunizieren Sie auf Augenhöhe.
- Zeigen Sie Verständnis.
- Fragen Sie, ob aus Sicht des Mitarbeiters noch Fragen bestehen.
- Bauen Sie ein gutes Netzwerk zu Teamkollegen und Vorgesetzten auf.
- Geben Sie konstruktives Feedback und loben Sie die gute Zusammenarbeit.

# 9

# Organisation 9: Digi-Tipps für Ihre Büroorganisation 4.0

## 9.1 Aufgabenmanagement

Die meisten Aufgaben im Büro erreichen uns durch die unterschiedlichsten Kanäle. Manchmal kommen Aufgaben über unser E-Mail-Programm, manchmal kommen sie auf Zuruf vom Chef oder Team, aus Besprechungen, aus Telefongesprächen oder auch aus Projekten. Wie behält man den Überblick über die wachsende Menge an To Dos? Wo notieren Sie Ihre Aufgaben? Auf gelben Post-its und kleben diese auf den Bildschirm, Schreibtisch oder Block? In einem Notizblock? Oder haben Sie für die Aufgabenverwaltung bereits ein digitales Tool? Bekanntlich viele Wege führen nach Rom. Dennoch sollten wir uns nicht, im wahrsten Sinne der Worte – verzetteln und für unsere Aufgaben ein geeignetes System finden, damit uns keine Aufgabe mehr durchrutscht und wir den Überblick behalten.

© Springer Fachmedien Wiesbaden GmbH, ein Teil von Springer Nature 2020
E. Romanic, *Geheimwaffe: Assistenz II,*
https://doi.org/10.1007/978-3-658-29920-0_9

Entscheidend ist, dass Sie zunächst einmal feststellen sollten, welche Aufgaben überhaupt in Ihrem Büro anfallen.

Kommen wir zu den Ad-hoc-Aufgaben: Diese Aufgaben entstehen meistens aus Team-Meetings, wir erstellen selbige selbst oder sie erreichen uns durch verschiedene Kanäle aus dem Tagesgeschäft.

**Anforderungen an Ad-hoc-Aufgaben**

- Sie müssen einfach erfassbar und verwaltbar sein.
- Sie sollten auf allen Geräten verfügbar sein.
- Es gelten keine besonderen Sicherheitsanforderungen.
- Eventuell teilbar mit anderen oder zumindest zuweisbar?
- Offline verfügbar?

An dieser Stelle sollte man sich die Frage stellen, welches das geeignete Werkzeug für die Aufgabenerfassung sein könnte?

**Für solche Ad-hoc-Aufgaben reichen einfache Tools, wie z. B.**

- Outlook
- Wunderlist
- MS To Do

## 9.1.1 Aufgabenmanagement mit Microsoft To Do

Wunderlist erwähne ich an dieser Stelle nur, weil diese Aufgabenliste mich die letzten Jahre bei der Bewältigung von Ad-hoc-Aufgaben mit meinem Chef unterstützt hat.

Mit einem lachenden und einem weinenden Auge verabschiede ich mich von Wunderlist, weil Wunderlist am 06. Mai 2020 eingestellt wird. Dieses Buch erscheint viel später und schon haben wir ein Relikt aus alten Zeiten. Ein lachendes Auge deswegen, weil Wunderlist nicht ganz von der Bildfläche verschwindet. Wunderlist wird zur Aufgabenliste von Microsoft und heißt Microsoft To Do.

Microsoft To Do ist der Nachfolger von Wunderlist und funktioniert auf die gleiche einfache, intuitive Weise. In den nächsten Wochen werde ich über die integrierte Importfunktion von To Do die bereits erstellten Listen und Aufgaben aus meiner Wunderlist App in Microsoft To Do importieren.

Was mich bei Wunderlist und heute bei Microsoft To Do angesprochen hat, war die Einfachheit in der Handhabung. Das Tool ist unheimlich übersichtlich. In der Hauptansicht kann ich meine einzelnen Listen und To Dos auf einen Blick sehen. Schön ist auch, dass ich individuell meine Benachrichtigungen einstellen kann. Bedeutet: Ich kann entscheiden, ob ich Benachrichtigungen über Einträge, die von meinen freigegebenen Personen kommen, als E-Mail oder Push-Nachricht erhalten möchte. Genauso kann ich festlegen, ob ich eine Meldung darüber bekommen möchte, wenn To Dos abgehakt werden. Das macht aus meiner Sicht schon Sinn. So sehe ich direkt, welche Aufgaben noch offen sind.

**Nutzung mit anderen**

Der Mehrwert dieses Tools zeigt sich in der Nutzung im Team. Bleiben wir einen Moment im Office. Mit diesem Tool kann die Zusammenarbeit mit dem Chef optimiert werden. Eine einfache Liste „Chef/Assistenz" ist mit einem Klick angelegt. Ich bin Besitzer der Liste und kann diese z. B. an meinen Chef freigegeben. Das Ganze erfolgt durch die Eingabe der E-Mail-Adresse an die Person, der Sie die Liste freigeben möchten. Die Person erhält sofort eine Nachricht und kann die Anwendung sofort nutzen. Die Aufgaben synchronisieren sich in Echtzeit. So hat man seine Office-To-Dos immer dabei und man kann sich gegenseitig Aufgaben zuweisen.

Perfekt ist, dass man tatsächlich auch innerhalb einer Liste die einzelnen Aufgaben weiteren Personen zuweisen kann. Das geht mit einem Klick mit der Maustaste auf die jeweilige Aufgabe. Es öffnet sich ein Feld, in dem man Datum und Erinnerungsfunktionen eingeben oder auch Notizen zu den einzelnen Aufgaben hinterlegen oder Dateien hinzufügen kann. Diese ganzen Funktionen sind hervorragend geeignet, um auch im Team arbeiten zu verteilen und nachzuhalten. Auch Prioritäten für Aufgaben lassen sich mit einem Sternchen vergeben. Die Listen lassen sich auch nach unterschiedlichen Kategorien, wie z. B. Titel, Datum, Person oder Priorität sortieren.

Das motivierende an der App ist: Habe ich eine Aufgabe erledigt, kann diese mit einem Häkchen versehen werden und verschwindet aus der täglichen To-do-Liste. Die abgearbeiteten Aufgaben sind aber nicht verschwunden, sondern erscheinen ausgeblendet in „erledigte Einträge". Man kann jederzeit in erledigte Einträge reinschauen und seine fertigen Aufgaben sehen. Diese sind wie auch bei mir im analogen Notizbuch durchgestrichen. Die erledigten Aufgaben können aber wieder als neue To Dos verwendet werden. Nur ein Klick auf die fertigen Aufgaben genügt und sie erscheinen neu in der täglichen Aufgaben-Liste.

Ein Vorteil gegenüber Wunderlist hat das Tool: Outlook-Aufgaben und mir zugewiesene Aufgaben aus dem Microsoft Planner lassen sich in der App mit einbinden.

Einen Nachteil muss ich an dieser Stelle (Stand heute 2020) erwähnen: In Microsoft To Do fehlt die Möglichkeit, innerhalb der Aufgabe zu chatten und sich im Team auszutauschen.

Probieren Sie mal Microsoft To Do mit Ihrem Team/ Chef aus. Vielleicht werden sie zukünftig genauso begeistert Ihre Aufgaben, Listen und Ideen teilen und erledigen, wie ich das schon heute tue.

Wir haben gerade „einfache" Aufgabenlisten unter die Lupe genommen. Gleichwohl gibt es wiederum Aufgaben im Büro, wo es uns manchmal schwer fällt, den Überblick mit einer einfachen To-Do-Liste zu behalten. Diese Aufgaben lassen sich wie folgt beschreiben:

**Teamorientiert**

- Bündelung von Aufgaben nach Themen
- Zusatzinformation, Anhänge, Kommentare
- Zuweisung an Verantwortliche
- Statusverfolgung
- Benachrichtigungen

An dieser Stelle kommt eine einfache Outlook-Aufgabenliste an ihre Grenzen: Wenn es darum geht, Aufgaben gemeinsam in einem Team abzuarbeiten und dabei eine gute Übersicht über alle Aufgaben zu bewahren, brauchen wir umfangreichere Tools, wie z. B. den MS Planner (nur Enterprise), Trello oder Pinnery. Diese Tools helfen uns auch in größeren Projekten, die Übersicht über alle Teilaufgaben zu behalten und den Bearbeitungsstand mit der Kanban-Methode nachzuverfolgen.

Haben Sie schon mal den Begriff Kanban gehört? Der Begriff Kanban hat seinen Ursprung in Japan und heißt übersetzt so viel wie „Signalkarte". Damit ist gemeint, dass jede einzelne Aufgabe als „Karte" dargestellt wird. Oft finden sich folgende Informationen auf einer Kanban-Karte:

- Titel und Beschreibung der Aufgabe
- Zuständige Person
- Zuständige Abteilung
- Geschätzter Aufwand
- Fälligkeit der Aufgabe
- Benötigte Dokumente
- Kommentare und Kommunikation

Bei der Kanban-Methode wird jede Kanban-Karte auf einer Pinnwand in 3 oder mehrere Schritte bearbeitet, je nach Thema und Komplexität der Aufgaben.

**Beispiel**
Aufgabe/Backlog in Bearbeitung erledigt
Kanban-Boards (vgl. Abb. 9.1) sind gerade extrem in Mode und man sieht sie mittlerweile in jedem Büro, um die Teamaufgaben in Projekten zu visualisieren. Nicht immer sind die Teams vor Ort, um die Arbeiten an einem analogen Board zu bearbeiten. Dafür eigenen sich besser

**Abb. 9.1**  Kanban-Boards (Quelle: Pixabay)

digitale Kanban-Boards. Ich möchte Ihnen an dieser Stelle einen ersten Überblick geben, wie man das Tool für die gemeinsame Planung von komplexen Aufgaben nutzen kann:

## 9.1.2 Aufgabenmanagement mit Trello

Trello ist ein kostenloses Tool für die Aufgabenverwaltung von der Firma Atlassian, dass Sie webbasiert direkt nutzen können, ohne etwas herunterladen zu müssen. Natürlich kann man sich die App auch auf das Smartphone, iPad oder Notebook nach Bedarf runterladen. Voraussetzung ist, dass man sich einmal mit seiner E-Mail-Adresse registriert, um Zugang zu seinen Boards (Online-Pinnwände) zu erhalten. Trello zeigt uns dann den Bearbeitungsstand einer Aufgabe in Echtzeit an. Da man Trello nicht nur für sich selbst, sondern auch für die Zusammenarbeit im Team sehr gut einsetzen kann, ist es ein Allroundtalent, um sich und die Teamarbeit zu organisieren.

Trello basiert auf dem Kanban-Prinzip. Das Kanban-Board ist ein guter Start für Teams. Es besteht ganz einfach aus mehreren Spalten. Projekte können so auf Basis von Listen und Karten gut strukturiert werden. Damit lässt sich wunderbar die Teamarbeit vereinfachen. Gerade Einsteiger unterschätzen oft, wie viele Möglichkeiten das Tool bietet, um ein Projekt vorzubereiten, zu organisieren und zu koordinieren, ohne den Überblick über die einzelnen Aufgaben zu verlieren. An dieser Stelle sei erwähnt, dass es sich hierbei eher um ein Aufgabenverwaltungstool, als um eine Projektmanagementsoftware handelt. Wohlgleich die App für die Visualisierung von Projektaufgaben hervorragend geeignet ist.

Ich selbst bin ein großer Freund von Outlook. Mit Outlook kann man die einzelnen Aufgaben, die durch E-Mails oder andere Quellen an uns herangetragen werden, hervorragend überwachen und delegieren. Wenn es um komplexere Aufgaben geht und die Aufgaben kleinteiliger werden, so reicht, aus meiner Sicht, Outlook für die Aufgabenverteilung nicht aus. Dann braucht es ein Tool, was uns die Möglichkeit gibt, das komplette Projekt mit den einzelnen Teilaufgaben zu erfassen und in den Bearbeitungsstand der Aufgabe in Echtzeit zu sehen.

Ein Trello-Board ist die Basis für die Organisation eines Projekts. Das Tool bietet Ihnen die Möglichkeit, unterschiedlich viele Boards anzulegen und zu bearbeiten. In jedem Board kann man nun Karten anlegen, die man flexibel mit den unterschiedlichen Informationen bestücken kann (vgl. Abb. 9.2).

Das Anlegen von Listen passiert ganz automatisch mit einem einfachen Klick auf das Kreuzchen. Eine Liste kann entweder einen Workflow beschreiben (To-do, Doing, Done) oder Sie können es auch beliebig nach Ihrem Ermessen benennen. Die Listen sind beliebig erweiterbar (vgl. Abb. 9.3).

Innerhalb einer Liste legen Sie „Karten" (Cards) an. Mit einem Doppelklick auf die jeweilige Aufgabe öffnet sich die Einzelaufgabe. Man hat nun die Möglichkeit, verschiedene Inhalte einzufügen (vgl. Abb. 9.4).

- Mitglieder
- Labels
- Checklisten
- Fristen, Anhänge
- Eine detaillierte Beschreibung der Aufgabe
- Kommentare

Die Karte kann man einem oder mehreren Teammitgliedern zuweisen (vgl. Abb. 9.5)

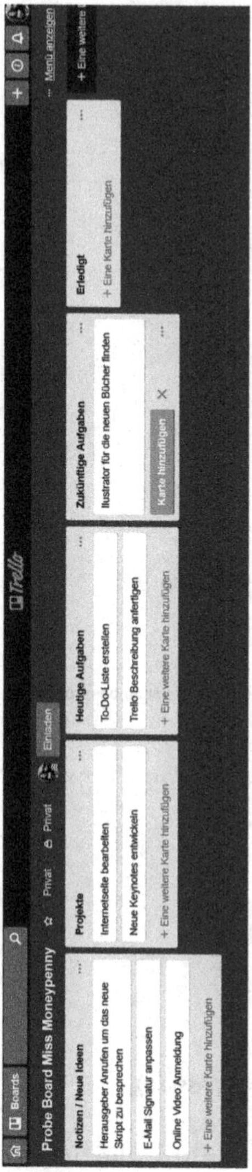

**Abb. 9.2** Trello Board (Atlassian)

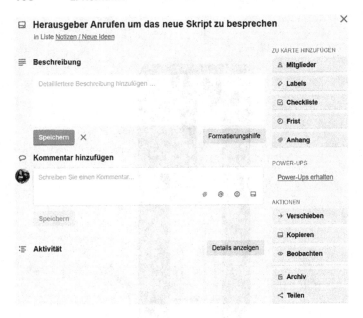

**Abb. 9.3**  Trello Karten (Atlassian)

**Abb. 9.4**  Trello Karten (Atlassian)

Mithilfe einer Checkliste, die innerhalb der Aufgabe eingefügt werden kann, kann man die Aufgabe noch feiner in weitere Einzelaufgaben unterteilen (vgl. Abb. 9.6).

**Abb. 9.5** Trello Karten (Atlassian)

Man hat die Möglichkeit, verschiedene Dokumente oder Medien vom Computer, aus der Cloud oder aus dem eigenen Laufwerk anzuhängen (vgl. Abb. 9.7).

Jeder Karte kann man eine Frist setzen, bis wann die Aufgabe zu erledigen ist. Auch Erinnerungen an die Frist sind möglich. Je näher der Termin rückt, erhält man einen Reminder für die offenen Aufgaben (vgl. Abb. 9.8).

Die Karten können auch mit farbigen „Labels" versehen werden, um sie schneller einer Person oder einem Thema oder einer Priorität zuzuordnen. Labels sind so etwas wie bei Outlook die Kategorien (vgl. Abb. 9.9).

Mit Trello behalten Sie auf jeden Fall Übersicht über Ihre Projektaufgaben. Aufgaben können Sie nach dem Erstellen beliebig in Ihrer Planung anordnen, verschieben,

**Abb. 9.6** Trello Karten (Atlassian)

**Abb. 9.7** Trello Karten (Atlassian)

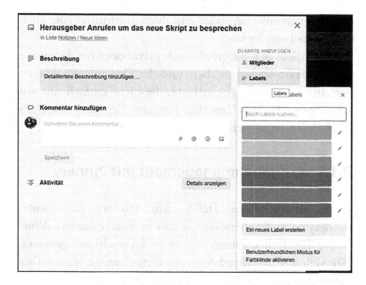

**Abb. 9.8** Trello Karten (Atlassian)

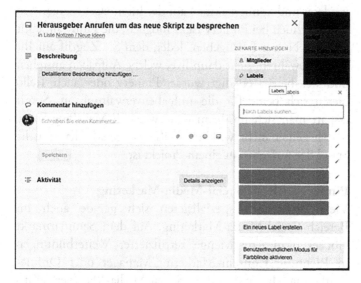

**Abb. 9.9** Trello Karten (Atlassian)

sie Personen zuweisen oder einzelnen Teammitglieder auch per E-Mail zuschicken.

Trello lässt sich natürlich auch privat oder für die eigene Organisation von Aufgaben und To Dos nutzen. Haben Sie eine sehr große To-do-Liste, die nicht einfach nur aus schlichten Punkten besteht, können Sie diese ebenfalls über Trello organisieren.

### 9.1.3 Aufgabenmanagement mit Pinnery

Eine Alternative zu Trello stellt Pinnery dar. (www. pinnery.com). Pinnery ist die datenschutzkonforme Alternative für Trello. Pinnery wird in Deutschland gehostet. Für viele Office-Mitarbeiter ein Grund mehr, dieses Tool gegenüber anderen Tools zu bevorzugen.

Pinnery funktioniert nach dem gleichen Prinzip wie Trello. Die Basisversion ist wie bei Trello kostenlos, um den vollen Umfang zu nutzen, muss man zahlen. Die Preise sind moderat und können aktuell auf der Internetseite angesehen werden. Auch bei Pinnery ist es möglich, die Pinnwände für mehrere Nutzer freizugeben. Jeder, dem Sie Zugriff auf Ihr Board gewähren, sieht dann live, welche Aufgaben anstehen und was bereits erledigt wurde. Pinnery oder auch Trello bieten sich beide für die Aufgabenverwaltung an. Somit erspart man sich im Team den ewigen E-Mail-Ping-Pong, wo eh keiner mehr wirklich weiß, was gerade der aktuelle Stand der Aufgaben in einem Projekt ist.

**Pinnery auch für Social-Media-Marketing**
Viele Assistenzen spezialisieren sich gerade auch im Bereich Social-Media-Marketing. Auf dem Seminarmarkt gibt es dazu jede Menge zertifizierter Weiterbildungen in Richtung Content-Marketing-Manager oder Online-Marketing-Manager oder Social-Media-Manager. Ein-

fach mal einen Blick auf die Weiterbildungsangebote Ihrer örtlichen IHK werfen, dort findet man jede Menge interessanter Lehrgänge zu den Themen.

Vielleicht sind Sie bereits für das Social-Media-Marketing in Ihrer Organisation zuständig oder Sie interessieren sich für diese Abteilung in Ihrem Unternehmen? Oder Sie sind eine virtuelle Assistentin, die für einen Kunden die Social-Media-Kanäle betreut?

Dann kann Pinnery von großer Hilfe sein. Mit Pinnery ist es möglich, Posts im Voraus zu planen und gleichzeitig oder auch nach Ihrem persönlichen Terminplan in mehrere Social-Media-Kanäle zu posten. Dafür reicht es, in Pinnery ein Board anzulegen, wo Sie für alle relevanten Social-Media-Plattformen eine eigene Rubrik anlegen, z. B. Instagram, Facebook, Twitter etc. Pinnery verfügt über eine Funktion, die Ihre Beiträge automatisch auf den ausgewählten Plattformen postet, sobald die Fälligkeit einer Karte erreicht wird (Pinnery 2020).

## 9.1.4 Aufgabenmanagement mit Microsoft Planner

Wenn Sie bereits mit Office 365 arbeiten, dann können Sie anstatt Trello und Pinnery das Online-Tool für das Aufgabenmanagement von Microsoft nutzen.

Microsoft Planner schließt die Lücke zwischen reinen To-do-Listen und komplexeren Lösungen für das Projektmanagement, wie z. B. Microsoft Projekt. Planner bündelt unterschiedliche Projekte und Aufgaben auf einer einfachen und zentralen Plattform.

Möchten Sie eine Aufgabenliste erstellen, so klicken Sie in der Menüleiste auf „neuer Plan" (so nennt sich die Aufgabenliste) und vergeben Sie einen Plannamen. Das kann der Name des Projektes, der Abteilung oder des Teams sein. Dann können Sie direkt definieren, ob der Plan allen Mitgliedern Ihrer Office 365 Gruppe offenstehen soll oder ob lediglich die Mitglieder Zugang haben, die Sie explizit zur Teilnahme an dem Plan einladen. Klicken Sie auf „einladen" und Microsoft erstellt ein Board, das Sie jetzt weiter mit Ihrem Kanban-Board definieren können. An dieser Stelle bietet es sich an, alle Mitarbeiter einzuladen, die gemeinsam mit Ihnen zusammenarbeiten. Sie können Ihre Listen nach Thema, Arbeitspaket oder auch nach Mitarbeitern definieren. Dann können Sie starten, den einzelnen Listen einzelne Aufgaben zuzuordnen. Haben Sie eine Aufgabe angelegt, können Sie diese noch konkretisieren. (Weitere Teammitglieder, Status, Fälligkeit, Checklisten, Dateien und Links sowie Aufgaben kommentieren. Zudem haben Sie noch die Möglichkeit, die Aufgaben mit farbigen Labels zu weiteren sinnvollen Einheiten zu gruppieren).

Ist eine Aufgabe beendet, können Sie die Aufgabe unter „Aufgabe abgeschlossen" als erledigt markieren. Den Vorgang können Sie auch jederzeit wieder rückgängig machen und die Aufgabe wieder über das gleiche Feld aktiv schalten. So behalten Sie und Ihre Teamkollegen immer den Überblick über Zuständigkeiten und Terminvorgaben.

**Ihre Schritte:**

- Plan (Aufgabenliste) anlegen
- Plan strukturieren (Aufgaben hinzufügen)
- Vorgaben definieren (Dateien, Links, Beschreibung, Fälligkeit etc.)
- Mitarbeiter und weitere Inhalte hinzufügen.

Wie vernetzt die Tools untereinander sind, zeigt sich in der Zusammenarbeit von Microsoft Planner und Microsoft To Do. Sie können Ihre Gruppenaufgaben zur gleichen Zeit wie Ihre einzelnen Aufgaben mithilfe der Liste „an mich" in Microsoft To Do erledigen. Wenn Sie Ihre Aufgaben aus dem Planner in MS To Do angezeigt haben möchten, müssen Sie diese Funktion zunächst einmal aktivieren. Das passiert aus dem Tool MS To Do heraus. Öffnen Sie das Tool und wählen Sie dann in den Benachrichtigungen „mir zugewiesene Listen anzeigen" aus. Eine Liste mit den Ihnen zugewiesenen Aufgaben wird angezeigt. Jetzt können Sie alle Aufgaben aus dem Planner, die Ihnen zugewiesen sind, in To Do sehen. Sie können Änderungen an der Aufgabe in MS To Do vornehmen und danach die Option „Planner öffnen" anklicken. Ihre aktualisierten Aufgaben in To Do sehen Sie jetzt auch aktualisiert im Planner. Mit Planner und MS To Do haben Sie immer eine Übersicht der Ihnen zugewiesenen Aufgaben und das sowohl im Desktop, auf Ihrem Mobilgerät oder in Outlook.

Microsoft hat nicht nur den Planner und die eigene To-do-Liste verzahnt, sondern auch seinen E-Mail-Dienst Outlook mit integriert. Man kann unter Outlook im Abschnitt Aufgaben auch die Inhalte von To Do sehen, inklusive aller Kategorien.

Somit ist es zukünftig egal, mit welchem Aufgabentool Sie oder Ihr Team arbeiten. Die Visualisierung Ihrer To-do-Liste ist auf einer Oberfläche möglich.

**Abb. 9.10**   (Quelle: Bitmoji)

## 9.2   Daten- und Informationsmanagement

**Informationsablage**

Um firmeninternes Wissen zu bündeln und eine gemeinsame Wissensbasis zu schaffen und allen Mitarbeitern zur Verfügung zu stellen, bietet sich z. B. an, ein eigenes Unternehmenswiki, ähnlich wie die Wikipedia-Enzyklopädie im Web, aufbauen. Ziel ist es, das Wissen aller Mitarbeiter und Abteilungen zu bündeln, um es dann für alle Mitarbeiter im Unternehmen zur Verfügung zu stellen. Die Wiki-Seiten kann man nicht nur lesen, sondern auch selbst bearbeiten. So können Sie alle zusammen zwischen den einzelnen Seiten Verlinkungen erstellen und somit alle wichtigen Informationen in Zusammenhang bringen.

Es gibt ein großes Angebot an freier Wiki-Software. Am besten ein wenig recherchieren, welches Wiki zum Unternehmen passt und am anwenderfreundlichsten ist. Hier ein paar Vorschläge für Sie: Q-Wiki, Flex Wiki, DocuWiki, TWiki.

**Informationsaustausch**

Über OneNote gibt es mittlerweile viele Bücher und Fach-artikel und so langsam kommt dieses Programm aus der Microsoft-Familie auch in den letzten Büros in Deutsch-land an. Viele wissen es nicht und zucken erstmal erstaunt zusammen, wenn sie hören, dass OneNote bereits seit 2003 ein fester Bestandteil des Microsoft-Office-Paketes ist. Leider ist dieses kleine Programm jahrelang von vielen Büroangestellten unentdeckt und weitaus unterschätzt geblieben. Immer beliebter wird das Wundertool, da es sich herausragend als Organisations- und Informationstool im Büro eignet. Sie können mit diesem Programm Ihre kompletten Notizen digitalisieren und Daten in Echtzeit mit Ihrem Chef und Team austauschen. Dabei sind bei OneNote keine Grenzen gesetzt zu welchem Zweck es ein-gesetzt werden kann. Hinzu kommt, dass es unkompliziert in der Anwendung ist. Ein absolutes Multitalent in der Büroorganisation.

Wofür OneNote?

- Sekretariatshandbuch
- Abstimmung zwischen Assistenz und Führungskraft
- Besprechungsnotizbuch/Protokollführung
- Posteingangsbuch
- To-do-Liste

- Verwaltung von Reiseunterlagen/Unterlagen für Terminvorbereitung
- Kundendatenbank
- Informationsdatenbank/internes Wiki/FAQ
- Projektmanagement
- Vertrieb
- Wissen
- Eventplanung
- Checklisten
- Personal
- Redaktionsplan (z. B. für Artikel für den Unternehmensblog oder die Unternehmenszeitung)
- Sammlung von Rechercheergebnissen
- Urlaubsplanungen
- Fuhrparkmanagement uvm.

Ihre Notizen und Informationen sind mit OneNote immer organisiert. Sie haben die Möglichkeit, beliebig viele Notizbücher anzulegen und mit Ihrem Team zu sammeln, zu tauschen oder zu teilen. Nicht nur für die Teamarbeit ist es geeignet, sondern es ist auch möglich, ein eigenes Notizbuch auch nur für sich zu nutzen. Dort können eigene Ideen, Vorlagen, interessante Links und Artikel sowie persönliche Notizen hinterlegt werden.

OneNote ist fast schon selbsterklärend: Wenn Sie es gewohnt sind, mit Word zu arbeiten, dann wird Ihnen OneNote keine großen Schwierigkeiten bereiten: Unter „START" stehen Ihnen viele Funktionen zur Verfügung, die Sie wahrscheinlich aus der Textverarbeitung in Word kennen. Ihre Notizbücher lassen sich ganz einfach in Abschnitte und Seiten untergliedern. Haben Sie bislang die Reisen Ihres Chefs mit Mappen organisiert, dann haben Sie bereits analog mit Abschnitten gearbeitet und Inhalte dort hinterlegt. In analoger Arbeitsweise war es Ihnen nicht möglich, nachträglich die Unterlagen mit aktualisiertem Inhalt zu bestücken. Ganz anders mit der digitalen Arbeitsweise. OneNote bietet an, Informationen aus verschiedene Medien zusammenzutragen.

Über den Menüpunkt „Einfügen" können Sie Word-Dateien, PowerPoint-Präsentationen, Excel-Tabellen, Verlinkungen ins Internet oder zu Ordnerstrukturen, Bilder, Screenshots, Audio- oder auch Videodateien einfügen. Die Inhalte synchronisieren sich auf allen Endgeräten. So stehen Ihrem Chef und den Teammitgliedern immer die aktuellen Informationen zur Verfügung. Wenn Sie gerne per Hand schreiben, so können Sie mit einem Tablet-Stift oder Ihren Fingerspitzen handschriftliche Notizen erstellen und diese später in Computerschrift umwandeln. Das hilft, wenn der Chef in Besprechungen kurze Notizen gemacht hat, aus denen Sie dann ein ausführliches Protokoll formulieren können.

Bevor Sie jedoch OneNote nutzen, sollten Sie entscheiden, wo Sie Ihre Notizbücher abspeichern wollen. Wenn Sie sie alleine für sich nutzen wollen, ohne es auf anderen Geräten zu synchronisieren, so reicht eine Speicherung auf Ihrer lokalen Festplatte aus. Anders ist es, wenn Sie im Team arbeiten und die Daten sich auf verschiedenen Devices synchronisieren lassen sollen. Dann macht es Sinn, das Notizbuch in einer Cloud zu speichern oder auf einen Exchange-Server, wo die Daten aktualisiert werden.

Sollten Sie OneNote nutzen, um sich mit Ihrem Vorgesetzten in Jour fixes auszutauschen, so können Sie die Aufgaben, die Sie von Ihrem Chef erhalten, direkt mit der Aufgabenliste von Outlook verknüpfen. Es entfallen 2 Arbeitsschritte: das Notieren von Aufgaben und das Übertragen in eine digitale Aufgabenliste. OneNote arbeitet Hand in Hand mit Outlook. Wollen Sie eine Aufgabe mit bestimmter Frist bearbeiten, so reicht es, in OneNote die Aufgabe zu markieren und auf „Outlook Aufgaben" zu klicken. Sie können dann sofort eine Frist für die Bearbeitung setzen. Das war es schon. In Ihrer Outlook-Liste erscheint das To Do unter dem entsprechenden Datum.

Mit diesem Tool wird die Informationsweitergabe zur Holschuld. Die unter **„Verlauf"** verfügbaren Funktionen sind besonders bei der Zusammenarbeit mehrerer Personen von großem Nutzen. So finden Sie hier die Möglichkeit, ungelesene Elemente im Schnellüberblick durchgehen zu können oder auch Eingaben nach einem bestimmten Benutzer oder Datum zu durchsuchen.

Es kursieren Gerüchte darüber, dass die Zukunft von OneNote unsicher ist. Im Jahr 2019 hat Microsoft offiziell verkündet, wie die konkreten Pläne für OneNote aussehen werden.

Microsoft setzt zukünftig seinen Fokus auf die OneNote-App für Windows 10. Dies wird mit Office 2019 und damit auch in Office 365 zur Standardversion.

Für die Fans von OneNote in der Version 2016 wird es in Office 2019 keine eigenständige Desktop-Variante von OneNote mehr geben. An ihre Stelle tritt die OneNote-App für Windows 10 als Standardversion. Man kann den Vorgänger OneNote 2016 auf Wunsch optional installieren bzw. einfach weiter nutzen. Er wird aber nicht weiterentwickelt und erhält demnach keine neuen Funktionen mehr. Ich persönlich finde das sehr schade, da die Version 2016 einige Vorteile gegenüber der Desktop-Version mit sich bringt.

Notizbücher in der OneNote-2016-Version können auch lokal auf einem Netzwerklaufwerk oder auch auf einer Festplatte gespeichert werden. Das geht mit der OneNote-App leider nicht mehr. Dort erfolgt die Speicherung ausschließlich in der microsofteigenen Cloud OneDrive for Business.

Haben bislang Organisationen OneNote als Informationstool genutzt, so kann es jetzt sein, dass OneNote in einigen Unternehmen, die nicht cloudbasiert arbeiten, nicht mehr attraktiv ist (Microsoft 2018).
*Alternativen zu OneNote: Evernote, Google Keep, Outline, Bear*

**Adressdatenpflege**
Für das papierlose Büro ist eine super geführte Adress-datenbank enorm wichtig. Aber es gibt sicherlich interessantere Aufgaben als Adressen in Outlook einzu-pflegen. Es gibt eine Möglichkeit, das Thema Visiten-kartenpflege und Aktualisierung von Kontaktdaten zu vereinfachen. Dafür brauchen Sie ein Tool namens snapAddy.

**Abb. 9.11** snapAddy Snapaddy

Der snapADDY Grabber ist eine großartige App, um Kontakte in Outlook automatisch einzupflegen. Er übernimmt automatisch Adressen aus Webseiten, E-Mail-Signaturen oder sonstigen Dokumenten. Die Software zeigt direkt die passenden Ansprechpartner aus XING und LinkedIn an und schlägt auf Basis eines E-Mail-Musters die passende E-Mail-Adresse vor. Diese Zusammenstellung läuft auf Knopfdruck und ohne Tipparbeit. Diese Apps ist eine KI-unterstützte Antwort auf die Kontaktdatenpflege. Mit snapAddy wir das Adressbuch automatisch aktuell gehalten. Voraussetzung dafür ist Outlook 365. SnapAddy gibt automatische Kontaktvorschläge und regelmäßige Updates. Sie finden das Tool im Office 365 Add-in Store (Snapaddy 2020).

## 9.3    Mobile Scanner

**Vorteile des mobilen Scannens**

Die Neufassung der GoBD erlaubt mobiles Scannen. Somit kann mittlerweile jede Person, ob innerhalb oder außerhalb des Büros, überall auf der Welt Dokumente mit einem mobilen Gerät scannen und übertragen. Daraus ergibt sich ein großer Vorteil in der Organisation, da man nicht mehr lange Zeit auf Informationen warten muss, sondern diese in Echtzeit an Dritte übertragen kann. Darüber hinaus erlaubt es die Technologie, die Daten zu erfassen und zu verarbeiten (BMF 2014).

Es gibt unendlich viele großartige Mobile Scanner auf dem Markt. An dieser Stelle möchte ich 3 Favoriten von mir vorstellen:

**Adressdatenpflege mit Scannable**

Scannable ist eine kostenfreie App mit der Sie nicht nur Dokumente, Belege und Artikel schnell erfassen und in hochwertige Scans verwandeln können. Sie hat noch eine weitere interessante Funktion: nämlich Visitenkarten zu Outlook-Kontakten zu machen. Dank der In-App-Kamera in Evernote werden Scans als Visitenkarten erkannt und alle Informationen in einer Visitenkartennotiz gespeichert. Man kann diese Notiz vor dem Speichern als Vorschau anzeigen und bearbeiten. Wenn Sie Ihr LinkedIn-Konto mit Evernote verknüpfen, können Sie alle Visitenkartennotizen mit zusätzlichen Informationen und Bildern aus LinkedIn vervollständigen (Evernote 2020).

**Microsoft Office Lense**

Office Lense ist die Scanner App von Microsoft, die aus einem Smartphone oder Tablet einen mobilen Scanner macht. Zeitungsartikel, Buchseiten, Whiteboards können mit Office Lense abfotografiert und direkt gespeichert werden. Mit dem Modus „Visitenkarten" können Sie Kontaktinformationen aus Dokumenten oder Visiten-

**Abb. 9.12** Scanable (Evernote)

**Abb. 9.13**    Office Lense (Microsoft)

karte auslesen und z. B. in OneNote speichern. Die App verfügt über eine automatische Bildoptimierung, die die Bildperspektive verbessert und eine bessere Lesbarkeit gewährleistet. Die in Office Lense aufgenommenen Fotos können an verschiedenen Orten abgelegt werden, wie z. B. OneNote, OneDrive, Word, PowerPoint oder PDF.

**Scan Übersetzen + Textgrabber**
Ein weiterer beeindruckender Scanner ist Scan Übersetzen+ Textgrabber.

Ja, die App heißt wirklich so. Auch mit dieser App kann jeglicher Text einfach digitalisiert und im Nachgang konvertiert werden. Die App erkennt mittlerweile auch Texte in 90 Sprachen aus Fotos oder Texten. Dabei können Verlinkungen     wie Telefonnummer,     E-Mail-Adressen oder Straßenadressen einfach angeklickt werden.

Diese App ist besonders interessant, wenn Sie im Ausland unterwegs sind. Straßenschilder und Schilder in Flughäfen und Bahnhöfen können problemlos erkannt und direkt übersetzt werden. Außerdem können

- alle Papierdokumente,
- Rezepte aus Kochbüchern,
- Notizen und Briefe,
- Menüs in Gaststätten, Kneipen und Cafés,
- Artikel aus Zeitschriften und Zeitungen,

**Abb. 9.14**  Scan Übersetzen + Textgrabber

- Auszüge aus Büchern,
- Anleitungen und Handbücher,
- Texte auf Produktetiketten,
- und vieles mehr

eingescannt und bearbeitet werden.

## 9.4   Postversand digital

Auch die Briefpost kann mittlerweile durch den Online-Dienst der Deutschen Post AG digital abgewickelt werden. Das ist nicht nur umweltschonend durch den klimaneutralen Versand mit GOGREEEN, sondern auch schneller. Die Deutsche Post wirbt mit zahlreichen Vorteilen gegenüber der analogen Briefzustellung.

Oft genug ist es so, dass mit dem Schreiben, Erstellen, Drucken, Kuvertieren und Frankieren sowie Versenden von analoger Post nach wie vor wertvolle Zeit verloren geht. Durch die digitale Abwicklung der Deutschen Post sparen Sie nicht nur Zeit, sondern auch Kosten. Die Post garantiert einen Preis von 0,60 € (Stand 2020) pro Briefsendung. Mit dem E-Post Mailer können einfach und

**Abb. 9.15**   (Quelle: Bitmoji)

schnell Briefe oder Serienbriefe an den Kunden verschickt werden. Gleichzeitig wird auch ein digitaler Briefkasten für den Empfang der Firmenpost angeboten.

Darüber hinaus gibt es verschiedene Produkte und Lösungen zum Briefversand, die besonders für kleine Unternehmen, den Mittelstand und Großversender interessant sind. Dabei unterliegt die E-Post den strengen Vorgaben des Deutschen Bundesdatenschutzgesetzes und der EU-Datenschutzgrundverordnung (Deutsche Post 2020).

## Literatur

BMF (2014) Grundsätze zur ordnungsmäßigen Führung und Aufbewahrung von Büchern, Aufzeichnungen und Unterlagen in elektronischer Form sowie zum Datenzugriff

(Gobi). https://www.bundesfinanzministerium.de/Content/DE/Downloads/BMF_Schreiben/Weitere_Steuerthemen/Abgabenordnung/2019-11-28-GoBD.html.

Deutsche Post (2020) Geschäftskunden. https://www.deutschepost.de/de/e/epost/geschaeftskunden/produkte.html. Zugegriffen: 18.03.2020.

Evernote (2020) Scannable. https://evernote.com/intl/de/products/scannable. Zugegriffen: 18.03.2020

Microsoft (2018) The beste version of OneNote on Windows. https://techcommunity.microsoft.com/t5/office-365-blog/the-best-version-of-onenote-on-windows/ba-p/183974. Zugegriffen: 18.03.2020

Pinter (2020) www.pinnery.com. Zugegriffen: 18.03.2020

Snappaddy (2020) www.snapaddy.com/de. Zugegriffen: 18.03.2020

## Quellen

https://t3n.de/news/mind-mapping-online-tools-568258/

www.mindmaster.com

www.trello.com

https://products.office.com/de-de/onenote/digital-note-taking-app

www.snapaddy.com/de

https://www.bundesfinanzministerium.de/Content/DE/Downloads/BMF_Schreiben/Weitere_Steuerthemen/Abgabenordnung/2019-11-28-GoBD.html

https://apps.apple.com/de/app/scan-%C3%BCbersetzen-textgrabber/id845139175

https://www.microsoft.com/de-de/p/office-lens/9wzdncrfj3t8?activetab=pivot:overviewtab

www.mindmaster.com

Printed in the United States
by Baker & Taylor Publisher Services

Printed in the United States
By Bookmasters